女性力量训练指南

[美] 艾琳·刘易斯-麦考密克（Irene Lewis-McCormick）著　刘珊珊 译

人民邮电出版社

北京

图书在版编目（CIP）数据

女性力量训练指南 / （美）艾琳·刘易斯-麦考密克
著；刘珊珊译. -- 北京：人民邮电出版社，2020.1
ISBN 978-7-115-51927-6

Ⅰ. ①女… Ⅱ. ①艾… ②刘… Ⅲ. ①女性—力量训
练—指南 Ⅳ. ①G808.14-62

中国版本图书馆CIP数据核字(2019)第262395号

内 容 提 要

　　本书是广受欢迎的私人教练艾琳·刘易斯- 麦考密克结合自身多年的学习和实践经验，专门为女性朋友打造的力
量训练指南。本书共分为三个部分。第一部分详细介绍了女性力量训练的益处、原理、误区和要素等内容，帮助女性
朋友建立起对力量训练的正确认知。第二部分精选了100多个针对女性的高效力量训练动作进行详解，覆盖全身和训
练全程。第三部分提供了制订评估、训练计划的方法和帮助不同级别训练者达成目标的针对性方案。不论目标是快速
获得理想的身材，还是找到提升力量的简单方法，你都将从本书中获益。

◆　著　　　　[美]艾琳·刘易斯-麦考密克（Irene Lewis-McCormick）
　　译　　　　刘珊珊
　　责任编辑　王若璇
　　责任印制　周昇亮
◆　人民邮电出版社出版发行　　北京市丰台区成寿寺路 11 号
　　邮编　100164　　电子邮件　315@ptpress.com.cn
　　网址　http://www.ptpress.com.cn
　　北京虎彩文化传播有限公司印刷
◆　开本：700×1000　1/16
　　印张：13.75　　　　　　　　　　2020 年 1 月第 1 版
　　字数：269 千字　　　　　　　　2025 年 9 月北京第 19 次印刷
　　　　　　著作权合同登记号　图字：01-2016-10046 号

定价：68.00 元
读者服务热线：(010)81055296　印装质量热线：(010)81055316
反盗版热线：(010)81055315

献给我的母亲——梅尔·阿格尼丝·刘易斯（*Maire Agnes Lewis*）。

目录

第三部分　针对女性的力量训练方案

扫描右方二维码添加企业微信。

1. 首次添加企业微信，即刻领取免费电子资源。

2. 加入体育爱好者交流群。

3. 不定期获取更多图书、课程、讲座等知识服务产品信息，以及
参与直播互动、在线答疑和与专业导师直接对话的机会。

译者序

　　很多女性视力量训练为洪水猛兽，避之唯恐不及。据调查，女性更倾向于选择瑜伽、跑步、热舞等有氧运动方式进行锻炼。提及力量训练，她们往往会想到肌肉不断增大的画面，对练成"肌肉女"的担忧使她们对力量训练敬而远之。其实，她们完全多虑了。因为，女性的激素水平决定了其难以练出如男性那样的大块头——除非使用药物，否则女性体内雄性激素的含量并不足以支持肌肉的持续增大。相反，力量训练对健康维持及形体塑造有非常重要的作用。

　　肌肉的健康、强壮，带来的是新陈代谢水平的提升。通过一定的力量训练，女性体内的肌肉含量能有效提高，身体消耗热量的能力随之提升，从而能更高效地管理体重。此外，生活中常常困扰我们的肩颈痛、腰背痛等慢性疼痛及圆肩、驼背等异常体态，都可以通过科学的力量训练来缓解和调整。长时间的系统力量训练能使我们的身体更健康，心理更强大，从而更得心应手地应对生活和工作中的挑战。

　　人人都需要力量训练，尤其是女性。明确这一点会让你在使用这本书时有更大的收获。这本书的作者艾琳·刘易斯-麦考密克可谓一位理论与实践知识兼备的作者，因此她更加懂得一本写给女性健身爱好者的优质力量训练指导书应该是什么样的。这本系统而全面的指导书涵盖了对你在力量训练过程中可能会遇到的各种困惑的解答。全书分为三个部分：第一部分概述了力量训练的益处、原理和误区等内容，使你能够在进行力量训练之前对其有足够清晰的科学认识；第二部分带你从骨骼、肌肉和关节活动等层面了解身体结构，并详解了针对不同部位的训练动作，要知道，掌握正确的动作是一切训练的前提；第三部分不仅讲解了如何制订适合自己的训练方案，还为不同水平的训练者提供了切实可行的示例。无论你是健身教练、健身爱好者还是毫无健身经验的小白，无论你想对女性肌肉和力量训练有更多的认知还是正在寻找一个让自己的体形蜕变的方法，这本书都将成为你的得力助手。

　　希望这本书能够在你变得更性感、更健康的道路上有所助益。愿每个人的人生都因运动而绽放，因健身而精彩。

刘耔妤

致谢

非常感谢安·穆尼（Ann Mooney）、珍·克拉考（Jen Krakau）、阿拉·梅·哈伯德（Ara May Hubbard）、泰勒·希尔布兰德（Taylor Hilbrands）和霍利·希尔布龙（Holly Shirbroun），感谢他们贡献的时间和才华。

练习目录

	页码	所用器械	练习重点
婴儿式	59	健身垫	拉伸下背部和肩部
下犬式	59	健身垫	拉长脊柱，拉伸后腿
前屈	60	无	拉伸背部和腘绳肌
前屈扭转	60	无	拉伸下背部和腘绳肌，同时旋转，增加拉伸强度
泡沫轴脊柱对齐	61	泡沫轴和健身垫	拉长和放松脊柱节段
泡沫轴肩部拉伸	61	泡沫轴和健身垫	拉长和放松脊柱节段，并允许肩部和胸部在关节活动度内的拉伸
上半身练习（第5章）			
哑铃卧推	74	哑铃和水平训练椅	胸部、肱三头肌和肩部前侧肌肉
杠铃卧推	74	杠铃和水平训练椅	胸部和肱三头肌
哑铃飞鸟	75	哑铃和水平训练椅	胸部和肩部
站姿绳索飞鸟	76	绳索训练器	肩部前侧肌肉、胸部、核心和肱三头肌
下斜杠铃卧推	77	下斜训练椅和杠铃	胸部和肱三头肌
俯卧撑	78	健身垫	核心、胸部和肱三头肌
下斜俯卧撑	78	健身垫和训练椅	核心、胸部和肱三头肌
上斜俯卧撑	79	健身垫和训练椅	核心、胸部和肱三头肌
前平举	80	哑铃	肩部前侧和中部
绳索前平举	80	绳索训练器	核心、肩部前侧和中部
侧平举	81	哑铃	肩部中部
坐姿推肩	81	哑铃	肩部中部和肱三头肌
直立哑铃划船	82	哑铃	肩部中部
俯身哑铃划船	82	哑铃	肩部中部
直立直杆划船	83	杠铃	核心、背阔肌、菱形肌和肱二头肌
高位滑轮下拉	84	高拉滑轮机	背阔肌和肱二头肌
引体向上	84	引体向上拉杆	肱二头肌、肩部和核心
仰卧直臂上拉	85	哑铃	背阔肌和肩部

续表

续表

女性力量训练的基本原则

第 1 章

力量训练和女性身体

许多女性在健身房中、团体健身课上或在家里锻炼时都曾使用过健身器材和自由重量器械，但往往收效甚微。她们希望通过力量训练获得强壮结实的手臂和臀腿肌肉，但即使她们采用了正确的训练方法与训练技巧，也很难如愿。这可能要归因于前些年所鼓吹的力量训练观念，这种观念影响了当今大多数女性对力量训练的态度。

自称健身专家的简·方达（Jane Fonda）、杰基·索伦森（Jackie Sorenson）和杰克·拉兰内（Jack Lalanne）主导了20世纪七八十年代的健身训练。值得肯定的是，他们在健身运动的发展过程中起到了举足轻重的推动作用。然而，他们鼓励女性进行有氧运动以及反复快速地进行小重量的力量训练，这造成了一种观念上的误导——大重量的力量训练会使女性产生强壮的"男性肌肉"。直到今天，仍有大量的女性担心大重量的力量训练会使她们练得像男人般大块头，她们并没有认识到力量训练对女性身体的积极影响。

力量训练并不等同于健美运动。设想一位30来岁的女性，她去健身房的频率可能是一周5次。她每次交替使用有氧训练器械长达90分钟，然后离开器械，不做任何柔韧性训练或力量训练。她从来不超重，但也没有获得她所期望的紧致体形。没错，她就是"瘦胖子"女性的典型。是的，女性若不进行抗阻训练来强化肌肉组织，瘦和胖是可以共存的。

要想增加肌肉的力量和维度，把身体雕刻成完美的形状，或者通过训练提高在某一项体育运动中的能力，就需要结合使用训练工具和训练方法。而且，力量训练的负荷必须足够大，让肌肉组织能够产生生理反应，较轻的重量和数百次的重复达不到这一效果。使用力量训练器械是一个好的开端，力量训练的团体课程能帮助你掌握基本的力量训练技巧（当然，前提是教练接受过适当的培训）。但是除了这些技巧以外，了解训练过程及进行周期性训练也是很重要的。

本书将帮助你明确目前的健身水准及确定训练目标，详细介绍各种将帮助你达成目标的力量训练动作，并教你如何应用有助于获得终身效果的周期性训练技能。此外，本书还提供了许多训练动作的照片和详细描述，帮助你获得不可思议的健身效果。

幸运的是，相比以往，当今的健身专业人士对力量训练了解得更多了。他们依赖的是全球大学实验室里进行的同行评审研究成果，以及认证教育和继续教育项目的实践教学成果。我们对力量训练的认识不断深入，当今的力量训练包括功能性训练（提高健康水平和日常生活功能的训练）、代谢训练（提高热量消耗能力的训练）和抗阻训练（实际塑造和改变我们身体肌肉组织的训练）。

力量训练给身体带来的益处

力量训练是女性完整运动方案的一个重要组成部分。作为一名私人教练，我经常看到有些女性最初犹犹豫豫，不敢涉足健身房的力量区，认为这主要是针对男性的训练区域。但是她们却最终体验到了力量训练带来的不可思议的好处，如肌肉力量和耐力增加、骨骼更强壮、身体轮廓更清晰且身材更苗条。强壮和更多的瘦体重对身体健康和外形美丽都很重要。肌肉强壮是新的瘦身理念！

力量训练是给身体的自然运动增加阻力的训练方式，使自然运动更加困难，从而塑造更大、更强壮的肌肉。我鼓励客户制订均衡的健身计划，把有氧运动与抗阻训练相结合。有氧运动可以增强耐力，对心肺有益，抗阻训练让肌肉健硕有力。力量训练对上半身较弱的女性特别有效。大多数女性没有像男性一样进行训练，上半身和下半身之间的力量不均衡。许多女性选择参加团体健身课、步行或跑步运动，因此，她们的腿部相对手臂、肩部和背部都更强壮，这往往导致发育不良。随着年龄增长，体态问题也将增多。足够重量的抗阻练习可以提升上半身力量，使许多日常任务——例如提起和搬运重的物体——容易得多，还可以改善体态。

锻炼是健康生活方式的重要组成部分。所有超重的女性都能从平时持续的有氧和无氧（抗阻训练）锻炼中获益。使用椭圆训练机和在跑步机上行走、慢跑和跑步这样的有氧运动燃烧卡路里的速度比抗阻训练更快，但是在训练结束后，抗阻训练比有氧运动燃烧卡路里的时间更久。正因为如此，它将你的生活方式从不活跃转变为活跃，这正是最大的回报。

新陈代谢和锻炼

在我作为健康专业人士的职业生涯中，顾客经常问我，在力量训练期间她们是否会消耗脂肪。奥姆斯比等人（Ormsbee et al., 2007）得出的结论是：肌肉能显著提高基础代谢率，即休息时维持所有身体机能所需的能量。他们的研究证明：在抗阻训练期间和之后，身体会继续以脂肪为燃料。另外，唐纳利等人（Donnelly et al., 2009）表明，抗阻训练在减肥中起着重要的作用。

一种容易解释的生理状况叫作运动后过量氧耗（EPOC），作为其结果，抗阻训练和有氧运动在减脂和减重中起重要作用，鉴于此，上述的研究结果都不足为奇，运动后过量氧耗就是在较高强度的有氧或无氧运动之后可测量的增加的氧气消耗率，在运动后热量消耗中起重要作用。之所以这样是因为运动促使脂肪分解，进而脂肪酸被释放到血液中。在有氧或无氧运动后的恢复期间，运动后过量氧耗伴随着较高的能量消耗，这意味着即使在训练结束之后，你仍然在消耗脂肪。

缺乏锻炼是许多疾病、医疗并发症、体脂过高和肥胖症产生的主要原因。看上去瘦削或不胖的女性，她们身体中往往有着和肥胖女性同样多或更多的脂肪。研究表明，抗阻训练促使身体成分产生有意义的变化（Marx et al., 2001）。因此抗阻训练的好处之一就是在减少脂肪的同时，维持或增加瘦体重。这一研究表明，在指示健康状况方面，身体组织的质量（脂肪与其他成分的百分比）比一个人的体形大小或衣服尺码更加重要。例如，一个穿2号衣服、身体脂肪率达40%的人是极不健康的。

医疗界越来越多的人认为，体育活动特别是抗阻训练可对心脑血管和骨骼系统产生积极影响，甚至可以增加骨密度。每周几天（最好每天）进行运动极大地有益于身心；循序渐进地不断增加强度的健身计划有更大的身体保护作用。

收缩压和舒张压增高与冠心病、充血性心力衰竭、中风及肾衰竭的高风险相关。当血压为140/90毫米汞柱时，这些病的发病率显著增加。经常进行循序渐进的抗阻训练可将静息收缩压降低2%，将静息舒张压降低4%（Fagard，2001）。

症状为关节僵硬、疼痛和关节功能缺失的关节炎影响着各民族的男女老少。它可能危及人们的身体、心理、社交和经济福祉，使他们丧失独立性。医生们治疗关节炎的方法通常就是让患者运动。坚持运动可提高有氧运动能力、增强肌肉力量、提高关节灵活性、改善功能活动能力和心情，而不会明显加重关节症状或疾病。增加瘦体重可以缓解这些脆弱关节的压力。因为肌肉组织能吸收冲击力，膝关节和肩关节周围的肌肉更加发达，可以减少关节压力。虽然运动不能治愈关节炎，但可以显著改善症状。

循序渐进的抗阻训练实际上也能增强骨骼。目前有关骨质疏松症的研究表明，力量训练既可以预防、又可以治疗这种疾病。骨质疏松症是一种以骨密度减少为特征的退化性疾病，容易导致骨折和健康问题。骨质疏松症的字面意思是"多孔的骨头"，会引起钙流失，从而削弱骨骼结构。大约40%骨折发生在脊椎，导致个体个子长不高及驼背。25%的骨折发生在髋部，最常发生在股骨。显而易见，提高力量水平不仅可帮助保护骨量，也可保持肌肉质量（瘦体重）并提高平衡感，后两者对预防跌倒都十分重要。

研究表明，抗阻训练和有氧运动可以提供骨骼形成所需要的刺激因素。力量训练有助于身体产生新的骨质。30岁之前进行抗阻训练能防止骨质大量流失甚至预防骨质疏松症（Kohrt et al.，2004）。

力量训练背后的科学原理

目前为止提供的力量训练信息只是概述，并且都是那种在女性杂志或者鼓吹力量训练对女性的好处的小册子中可看到的信息。然而，为了理解力量训练的作用机理，我们需要深入了解增加瘦体重含量背后的科学原理和它对女性身体的真正意义。

肌肉及其对力量训练的反应

力量训练的重点对象是骨骼肌肉，因为这些肌肉是你在活动期间可以控制的。骨骼肌肉本身是一个复杂的纤维结构体，肌纤维束由结缔组织缠绕组成。这些结缔组织将肌肉收缩力传递到附着于骨骼的肌腱上，最终在受到神经脉冲刺激时促使身体活动。因此，中枢神经系统通过肌肉产生的直接刺激将最终让肢体进行活动并产生接合动作或肢体动作。

人类骨骼肌肉有两种：一种是慢缩肌（也被称为太普拉[Typela]），它能使你站直并行走。核心肌肉主要由这种肌肉组成。另一种是快缩肌，这种肌肉进一步被分成两种：快缩红肌和快缩白肌。这些肌肉给运动提供力量，诸如推、拉、举和投掷。

"肌肉收缩"一词实际上表示肌肉缩短，但是肌肉在延长或保持一定长度的同时也能产生力。例如，要捡起一个物体，你需要屈曲肘关节并用肱二头肌辅助手抓住要捡起的物体。肱二头肌收缩或缩短，产生完成这一动作所需的力量。同样地，当你进行平板支撑（俯卧撑的升级版）时，为了保持这个姿势你要收缩许多肌肉，但肌肉长度没有变化，因此，你的骨骼肌发力而未改变肌肉长度。因为"收缩"这个词有多种意义，在讨论运动和肌肉在运动中的反应时，"肌肉收缩模式"这个字眼实际上更具描述性且更合适。等张肌肉收缩包括向心（肌肉缩短）和离心（肌肉拉长）两种。等张肌肉收缩涉及在不运动的情况下产生力。

当肌肉发力的时候，向心肌肉收缩发生，引起肌肉纤维缩短，并且产生扭力。例如：当你屈曲膝关节时，你的腘绳肌缩短，你的大腿后肌群发力。"扭力"是在肌肉被推、拉或者在关节周围被扭转时产生力的另一个术语。"扭力"通常指的是扭转或旋转动作。有时这是件好事，但有时扭力是不受欢迎的，会导致受伤风险增加。肌肉被拉长期间扭力产生时，离心肌肉收缩发生。当肌肉收缩的速度较低、收缩力较小时，慢缩肌和快缩肌纤维都将使用到。当肌肉收缩快且需要更多力时，慢缩肌因太慢基本赶不上，因此主要的肌纤维类型是快缩肌。

为什么肌肉会酸痛？

延迟性肌肉酸痛（DOMS）是指肌肉疼痛或者不舒服，经常在紧张训练24到72小时后会被感觉到。虽然准确的原因还不知道，但肌肉收缩的类型似乎是形成延迟性肌肉酸痛的一个因素。涉及许多高负荷离心收缩的训练会导致最严重的延迟性肌肉酸痛。例如，想一想你下蹲时四头肌的状态。在你持续下蹲时，你会感到大腿处于紧张和伸展的状态。你可能每天都可以做这类运动而无任何酸痛，但是当你加上外部负荷时（诸如举起比平时所拿物体重很多的重物时），酸痛就会发生。

你不必因为延迟性肌肉酸痛而惊慌。它一般在两三天内即可消退。除此之外，重要的是不要根据延迟性肌肉酸痛的出现与否来衡量你的训练成效。通常如果你尝试一个新的训练项目，按新的顺序进行这一训练，使用新的形式或者加上额外的负荷，延迟性肌肉酸痛就有可能发生。即使你未遭遇延迟性肌肉酸痛，那也不表明你的训练不够紧张或不成功。在持续酸痛的状态中训练会不舒服，虽然你可能会逐渐适应。

肌肉酸痛、休息和肥大之间的关系是一个有争议的健身话题。一些人声称连续不断的肌肉酸痛可确保肌肉生长，但休息和恢复是获得最佳训练结果所必需的。

一个可能减少延迟性肌肉酸痛的方法是在训练前后做伸展动作，训练前热身和训练后舒缓拉伸也会很有益。然而其他的证据表明，伸展动作对延迟性肌肉酸痛没有缓解作用，而柔韧性训练则是健身中极其重要的组成部分，不应忽略。高强度训练之后的伸展动作不会减少延迟性肌肉酸痛的发作，在训练中途和训练结束时，柔韧性训练最有益，但它不会减少延迟性肌肉酸痛发作的概率。一些健身专家推荐通过冷热水交替淋浴增加血液循环，作为可能的延迟性肌肉酸痛治疗方案。然而从延迟性肌肉酸痛中恢复的最好方式就是时间。你需要24到48小时从肌肉重构过程中恢复。

我们探讨了人体中的肌肉类型，下面进一步了解肌肉是怎样回应力量训练的。肌肉通过生长和发育适应抗阻训练——换言之，就是变得更大更壮。从科学上讲，抗阻训练的作用是由于人体中的激素反应而发生的。肌肉发育（称为肌生成）必不可少的激素大致分为两种：分解代谢激素和合成代谢激素。分解代谢激素分解肌肉纤维，通过合成代谢激素将肌肉重建得更强壮。分解代谢激素发挥着非常重要的作用，是因为肌肉纤维重建前必须被分解。

虽然许多化学反应在任何特定的时刻都在人体中发生着，但至少有一种化学反应对女性肌肉发育有重大影响。马克斯和克拉维茨（Marks & Kravitz，2000）仔细探讨了激素功能及其对女性抗阻训练的敏锐反应。在力量训练期间，内分泌系统释放激素（这实际上就是它在人体中的作用），激素在血液中传播，瞄准并影响人体中几乎所有的生理组织。虽然过程是复杂的，但它既影响男性又影响女性的肌肉生长。女性当然不会产生和男性一样多的睾丸素，因此这一研究的研究者想知道女性在缺乏相当数量睾丸素的情况下是如何增加她们的瘦体重的，答案就在于生长激素的影响。研究者发现，进行力量训练的女性比不进行力量训练的女性产生了更多的生长激素，还发现，与不进行力量训练的女性相比，她们能更长时间地保持生长激素在体内持续上升。这就意味着抗阻训练可帮助女性增加和保持瘦体重，她们的瘦体重越多，脂肪就越少。

肌肉生长和发育的过程称为肌肉肥大或肌肉增大，因为它导致肌肉束在尺寸和外形上变大。随着力量的增加，肌肉往往会增加或肥大。通常较大的肌肉比较小的肌肉更强壮，这似乎是显而易见的。然而，值得注意的是，肌肉在更大更壮时往往比它们没有充分发育时能更有效地（并且在很大程度上更加强烈地）驱动身体运动。

假如说你除了常规的力量训练以外还进行有氧运动，你的臀部肌肉变得更大更强壮，因此会比它们欠发育、萎缩（即因为不用而更小）、未充分使用时更有利于高强度训练，并进而使有氧运动和下身力量训练更有效，这不是很合情合理吗？当你的肌肉获得充分调动和生长、有最大量的肌肉纤维发力和燃烧时，你就是在接近全力锻炼。你会消耗更多的热量，因为你使用了更多瘦体重，因此在日常训练中你会比肌肉未充分发育的人获得更好的成效，包括更多的热量消耗、更有力量和更多的体重减轻。因此，力量训练基本上用来促进肌肉肥大。下面是通常可促进肌肉肥大的因素。

- 超负荷就是肌肉对比你的身体已经习惯于举起或移动更重负荷（即重量）的反应。当通过搬或举重物来移动比自己的体重更重的东西时，你就给身体增加了额外的负担。结果就是，你的身体不得不做出无法完成手头任务或者战胜负荷的反应，从而通过超负荷过程增加肌肉力量和肌肉大小。

- 肌纤维募集是指身体肌肉与中枢神经系统（CNS）之间的相互作用。为使肌肉活动，大脑必须刺激神经。当进行某项身体活动时，肌肉内的运动神经元收缩引发这一运动。当更多的瘦体重（因抗阻训练）产生时，必须募集更多的神经和肌肉纤维。随着更多的运动单位得到募集以及刺激频率的增加，肌肉的拉动就越大（或者说创造肌肉张力的能力增加）。运动纤维募集的形式也是多样化的，根据具体运动神经元的固有特性而定。针对同样的肌肉群进行各种各样的训练，能够以尽可能多的方式募集运动神经元，这确保肌肉不会停止对运动刺激做出反应。

- 适当的能量摄入对长、短期的训练以及力量训练的成功至关重要。虽然本书不包括有关饮食、能量消耗和能量支出的深入信息，但本章探讨身体能量系统并解释它们在运动和锻炼中所起的作用。了解营养和拥有身体能量系统的实用知识将帮助你提高运动能力，助力锻炼的适当的能量摄入是增加瘦体重和消耗身体脂肪所必需的。如果你想要成功减少脂肪和增加肌肉，就必须吃适当的食物。

根据定义，肌肉耐力是肌肉重复收缩时的耐疲劳能力。很明显，若要肌肉重复收缩，举起的负荷或重量必须是轻的。然而，如果重量太轻，就无法增加力量和促进肌肉肥大。遗憾的是，女性经常"举轻物"，即多次重复也不会造成疲劳的举重训练，这种习惯源于这样的陈旧观念：举轻的物体可产生坚实而非过大的肌肉。为看到肌肉的变化，你需要举起足够重的重量以便产生疲劳反应，从而实现超负荷。如果你不使用足够重的负荷让你在训练后感到肌肉疲劳，就得不到你追求的肌肉线条。

训练时热消耗的能量

我们经常谈论能量，好像它是我们所拥有或没有的某种东西。例如我们说："今天我没劲儿"。但是能量来自于身体中很具体的地方。它控制我们的所有思维过程、活动及身体运动。消耗能量是减重的另一种说法。

在休息时，身体消耗能量只是为了维持生命基本的细胞功能。心脏连续不断地供血需要能量，就像空气连续不断出入肺部的动作一样。另外，维持细胞内和细胞周围支撑生命的环境也需要能量。这些能量用来形成分子，分子是修复细胞、贮存能量、战胜感染和加工营养物质时必需的。这些需要能量的功能结合起来构成身体基本的新陈代谢率（BMR）。每天的新陈代谢率为800到1 500卡路里，具体视身体块头的大小和总热量摄入而定。

三种能量途径分别是磷酸原系统(ATP–PC)、糖酵解能量系统（无氧糖酵解）和有氧能量系统。作为最快的再合成三磷酸腺苷的方法，磷酸厚系统在持续大约10秒的全力训练中是主要能量源。这是当你进行很短距离的全力冲刺时，你能感觉到的能量系统。三磷酸腺苷(ATP)是身体在磷酸原供能过程中进行细胞生命活动所使用的主要分子。训练可增加身体消耗的热量，因为肌肉收缩需要三磷酸腺苷不断地形成和分解。从三磷酸腺苷的分解中释放的能量刺激肌肉收缩，从而增加身体的能量需求，增加热量的消耗。

在高度紧张的短期训练期间，肌肉需要产生大量的能量，这就导致需要大量的三磷酸腺苷。在这一过程中，不使用碳水化合物和糖类。再生的三磷酸腺苷来自于贮藏的肌酸磷酸盐。肌酸磷酸盐用来将二磷酸腺苷再生回三磷酸腺苷。这一短期能量再生过程在快速爆发的高强度运动期间是至关重要的。因为重合成用过的三磷酸腺苷不需要氧气，磷酸原供能过程被认为是无氧的，或者不依赖氧气的。休眠的骨骼肌肉纤维包含的肌酸磷酸盐是三磷酸腺苷的6倍。但是当肌肉纤维经历持续的收缩时，这些能量贮备将在大约15秒内消耗殆尽。因为贮藏的肌酸磷酸盐和三磷酸腺苷有一部分在骨骼肌肉之内，身体很快会感到疲劳，然后肌肉纤维必须依靠其他机制将三磷酸腺苷转换为二磷酸腺苷。

糖酵解是第二种能量系统，主要用在需要持续30秒到2分钟的全力进行的训练中。该系统在再合成三磷酸腺苷或者肌肉收缩能量方面是第二快的能量系统。在糖酵解期间，碳水化合物以血糖（糖）或肌肉肌糖原（葡萄糖的贮藏形式）的形式通过一系列的化学反应被分解。虽然只有少数能量通过这一途径产生，但是，强烈运动时所需的能量可以很快获得。然而当氧气供应不够快而无法满足肌肉需求时，氢离子（它引起肌肉酸碱值降低，一种叫作酸毒症的症状）和其他代谢物积累，导致肌肉内出现大量的问题。当训练强度抑制肌肉输送足够的血液来清理累积代谢物时，会产生灼烧感。最终肌肉失去有效收缩的能力，肌肉力量的产生和运动强度也会下降。

第三种系统，即有氧系统，也称为氧气系统，主要在低强度有氧训练中得到使用（记住，低强度训练的定义因人而定）。假定身体有足够的葡萄糖（从肌糖原分解的糖）、脂肪和氧气的话，这一系统能无限期地持续运行。这一系统的主要能量来源是碳水化合物，它来自肌肉储备、血液和全身贮藏的脂肪。

有氧系统需要氧气。在进行低强度训练时，你的身体更依赖于从氨基酸、脂肪和其他非碳水化合物产生葡萄糖（即糖酵解）以及从碳水化合物产生能量（称为糖酵解）来满足对能量（ATP或者三磷酸腺苷）的更大需求。当你正好在乳酸盐临界值以下进行训练时，你主要在消耗碳水化合物。在乳酸盐临界值以下进行训练，意味着你的训练强度几乎是纯有氧的，但是接近无氧状态，身体增加氧气消耗，肌肉开始感觉疲劳。训练强度上升到乳酸盐临界值以上，表明你仅使用碳水化合物作为能量来源。如果你训练时间够长（2小时以上），你的肌肉碳水化合物含量和血糖浓度将下降。因为碳水化合物是肌肉的首选能量来源，这种新陈代谢状态威胁着肌肉的生存。

当碳水化合物不可获得时，肌肉被迫将脂肪作为能量。然而，在乳酸盐临界值以下进行训练时，虽然只有少量的脂肪得到使用，但热量消耗率和消耗的总卡路里数比低强度训练大得多，因此使用的总脂肪量也更大。这是人们相信在较低强度进行训练最有益于消耗脂肪的原因之一。但这只是部分属实，当谈到减肥时，总热量消耗比使用的脂肪量更重要。我们将在第2章更详细地探讨这个健身谜团。

正如前面所述，前两个能量系统持续时间较短，几乎可立刻激活，很强大，并且不需要氧气。利用这两种系统进行训练的范例是增强式训练（跳跃练习）和跑、推或举重物的短期高强度间歇训练。第三个系统，即有氧能量系统，持续时间较长，提供更大的能量源，但需要更多的时间激活且供能的效率较低。这主要是在长跑期间激活的能量系统。我们需要知道的是，单个系统是无法独立发挥作用的。不管什么活动，所有三个系统都是同时起作用的，而活动的强度和持续时间决定着主要利用哪个系统。

身体中的能量来源

确定一个训练项目时，理解体力活动所需的能量（特别是有氧运动和力量训练）是如何产生的非常重要。了解能量系统如何起作用以及何时发挥作用，将有助于你以适当的强度和持续时间来达到训练目标。以下是针对每个能量系统的示例活动。

- ATC/PC能量系统可以通过在跑步机上进行数轮5到15秒的快速冲刺来训练，每次冲刺之后要休息3到5分钟。较长的休息时间使肌肉中的肌酸磷酸盐得到完全的补充，从而可在下一次冲刺时重新使用。如不休息，这个能量系统的表现将受到影响。
- 糖酵解能量系统可以用持续30秒到2分钟的快速间歇性运动来训练，活跃性恢复时间是工作时间的两倍（运动休息比率为1：2）。
- 有氧能量系统可用连续运动和间歇性运动进行训练。例如：在跑步机上以可控的强度（即：不会特别不舒服，但你也能确切感受到自己在训练）跑30分钟或更多时间，此时所使用的就是有氧能量系统。

身体成分

瘦和健康的不同在于身体成分。一个"瘦胖子"女性可能是瘦的，但是她有许多身体脂肪，因为她不锻炼，不积极保持她的瘦体重。不管你的衣服尺寸是多少，拥有的瘦体重比脂肪多都有益于健康。瘦体重就是你体内无脂肪的部位，如肌肉、骨头、结缔组织和器官的重量。任何不"瘦"的东西都归类为脂肪。

你的身体确实需要一定百分比的脂肪来运作，但那只占你总体重的百分之一。为确定健康的身体成分，考虑一下你体内脂肪和肌肉重量的百分比。可以理解许多女性用体重秤来测量她们的理想体重，体重秤有助于准确测量你的体重，但你不知道瘦体重和脂肪各是多少。多年来，保险公司和医疗界用身高对体重（身体质量指数）确定男性和女性的身体脂肪和整体健康水平，然而，身体质量指数测量不一定总能提供恰当的信息，因为它们决定不了一个人是瘦还是胖。无论是体重还是身体质量指数，都不能区分非脂肪组织（肌肉、骨头、内脏、血液）和脂肪。

对于大多数女性而言，理想的身体脂肪含量为18%到22%。当今，穿牛仔裤看起来没问题的普通健康女性，脂肪含量约为25%。脂肪含量为29%到35%的女性被认为"超重"（在身体成分层面上），脂肪含量大于39%的女性被认为是肥胖的。理想的身体脂肪比例因人而异，因为身体脂肪是由诸多因素决定的，例如体形、遗传特征、年龄、活动水平和饮食。如果一个女性在日常生活中做充足的有氧运动、补充适当的营养且进行力量训练，她的身体脂肪就不会超过25%。

基于这些限制条件，身体质量指数只能从整体上衡量你的身体是否健康。如果表上显示身体质量指数过高，表明你已超重，但它无法确定这个重量是脂肪还是肌肉，也不知道多余的脂肪在哪里。肌肉非常发达的人也可能在超重范畴之内，因为肌肉也很重。对身体质量指数为25%到35%（超重到肥胖）的人来说，较大的腰围（女性大于35英寸［1英寸为2.54厘米，余同］）会增加罹患与身体质量指数有关的疾病的风险。

你可以用你的体重磅（1磅约为0.45千克，余同）数除以身高英寸数的平方，然后乘以703，来计算你的身体质量指数。一旦算出你的身体质量指数，你可以根据表1.1确定你属于哪个范畴。假设你的身高为67英寸，体重为220磅，你的身体质量指数的计算方式如下：

220/4489（67英寸 × 67英寸）× 703=34.45（你的身体质量指数）。

许多测量设备可用来测量你的等级和你在减肥中取得的进步。一些身体脂肪监测器使用生物电阻抗法分析（BIA）技术，而其他的需要皮褶卡尺和专业健身人员进行测评。身体脂肪监测器的工作方式是，秤上的两个脚垫通过身体或通过手持设备发送低电平信号，因为肌肉含水量高，所以信号穿过肌肉的速度比穿过脂肪快。这个监测装置分析信号中贮存的个人数据读数（如身高、体重、性别、活动水平），此信息在几秒之内被转化为身体脂肪含量。

生物电阻抗法分析装置为身体成分测量提供了一个大概的数字。身体成分测量的标准方法是水下称重法。这一技术虽然非常可靠，但通常仅在大学实验室或医院使用，因此一般接触不到。大多数私人教练能够免费或以很低的价格用皮褶卡尺或生物电阻抗法分析装置为健身人员测量身体脂肪含量。

表1.1 身体质量指数查询表

身高（英寸）＼指数	正常						超重					肥胖										极度肥胖															
	19	20	21	22	23	24	25	26	27	28	29	30	31	32	33	34	35	36	37	38	39	40	41	42	43	44	45	46	47	48	49	50	51	52	53	54
	体重（磅）																																			
58	91	96	100	105	110	115	119	124	129	134	138	143	148	153	158	162	167	172	177	181	186	191	196	201	205	210	215	220	224	229	234	239	244	248	253	258
59	94	99	104	109	114	119	124	128	133	138	143	148	153	158	163	168	173	178	183	188	193	198	203	208	212	217	222	227	232	237	242	247	252	257	262	267
60	97	102	107	112	118	123	128	133	138	143	148	153	158	163	168	174	179	184	189	194	199	204	209	215	220	225	230	235	240	245	250	255	261	266	271	276
61	100	106	111	116	122	127	132	137	143	148	153	158	164	169	174	180	185	190	195	201	206	211	217	222	227	232	238	243	248	254	259	264	269	275	280	285
62	104	109	115	120	126	131	136	142	147	153	158	164	169	175	180	186	191	196	202	207	213	218	224	229	235	240	246	251	256	262	267	273	278	284	289	295
63	107	113	118	124	130	135	141	146	152	158	163	169	175	180	186	191	197	203	208	214	220	225	231	237	242	248	254	259	265	270	278	282	287	293	299	304
64	110	116	122	128	134	140	145	151	157	163	169	174	180	186	192	197	204	209	215	221	227	232	238	244	250	256	262	267	273	279	285	291	296	302	308	314
65	114	120	126	132	138	144	150	156	162	168	174	180	186	192	198	204	210	216	222	228	234	240	246	252	258	264	270	276	282	288	294	300	306	312	318	324
66	118	124	130	136	142	148	155	161	167	173	179	186	192	198	204	210	216	223	229	235	241	247	253	260	266	272	278	284	291	297	303	309	315	322	328	334
67	121	127	134	140	146	153	159	166	172	178	185	191	198	204	211	217	223	230	236	242	249	255	261	268	274	280	287	293	299	306	312	319	325	331	338	344
68	125	131	138	144	151	158	164	171	177	184	190	197	203	210	216	223	230	236	243	249	256	262	269	276	282	289	295	302	308	315	322	328	335	341	348	354
69	128	135	142	149	155	162	169	176	182	189	196	203	209	216	223	230	236	243	250	257	263	270	277	284	291	297	304	311	318	324	331	338	345	351	358	365
70	132	139	146	153	160	167	174	181	188	195	202	209	216	222	229	236	243	250	257	264	271	278	285	292	299	306	313	320	327	334	341	348	355	362	369	376
71	136	143	150	157	165	172	179	186	193	200	208	215	222	229	236	243	250	257	265	272	279	286	293	301	308	315	322	329	338	343	351	358	365	372	379	386
72	140	147	154	162	169	177	184	191	199	206	213	221	228	235	242	250	258	265	272	279	287	294	302	309	315	324	331	338	346	353	361	368	375	383	390	397
73	144	151	159	166	174	182	189	197	204	212	219	227	235	242	250	257	265	272	280	288	295	302	310	318	325	333	340	348	355	363	371	378	386	393	401	408
74	148	155	163	171	179	186	194	202	210	218	225	233	241	249	256	264	272	280	287	295	303	311	319	326	334	342	350	358	365	373	381	389	396	404	412	420
75	152	160	168	176	184	192	200	208	216	224	232	240	248	256	264	272	279	287	295	303	311	319	327	335	343	351	359	367	375	383	391	399	407	415	423	431
76	156	164	172	180	189	197	205	213	221	230	238	246	254	263	271	279	287	295	304	312	320	328	336	344	353	361	369	377	385	394	402	410	418	426	435	443

（源自：U.S. Department of Health and Human Services, National Heart, Lung, and Blood Institute, 1998, Clinical guidelines on the identification, evaluation, and treatment of overweight and obesity in adults: The evidence report. ）

虽然脂肪存量主要取决于遗传因素，但是，皮下脂肪是脂肪团出现的主要原因。皮下脂肪（在皮肤下面）最明显并且最难甩掉。化妆品公司花数百万美元向女性保证他们的产品将帮助减少脂肪团的出现。然而科学地讲，用乳液和面霜减少脂肪团是不可能的，除了饮食、锻炼和基因因素的改变，别无他法。

皮下脂肪在健康和安全方面也起着重要作用。它对身体起缓冲作用，对有氧能量系统来说它也是一个能量的储藏室。男性一般都在腹部周围和小腿处储存更多的皮下脂肪，而女性通常在臀部周围和大腿处储存这类脂肪。

内脏脂肪是指内脏周围的脂肪，主要存在于腹部，这就是许多人大腹便便的原因。这正是与糖尿病、心肌梗死、高血压、中风和一些癌症有直接联系的危险脂肪。内脏脂肪充满了激素和毒素，释放时，直接进入肝脏和血液。你的身体携带的内脏脂肪越多，你就越可能得病，或者使你没有力气，甚至会出现要命的健康状况。

好消息是虽然内脏脂肪是最容易长的脂肪，但它也是最容易去除的脂肪。然而单靠饮食去不掉你的内脏脂肪，因为它必须通过锻炼才能消耗掉。为了远离内脏脂肪，你必须使充足的有氧活动和抗阻训练成为你日常生活的一部分。虽然减重的饮食加上充足的有氧活动和肌肉强化训练可能会促使体重减轻，但是如果力量训练不能成为你养生之道的一部分，那么减掉的大多是瘦肌肉组织，并非储存的脂肪。

通常女性从三十几或四十几岁肌肉开始减少，随着年龄的增长还会继续。由于肌肉萎缩，脂肪量增加导致新陈代谢缓慢和体重增加，即使热量摄取和消耗仍然一样。你要相信身体中的瘦肌肉组织太宝贵而不能舍弃，这样一来它就会凭借消耗脂肪作为能量来源。重量训练能反转这个过程，恢复肌肉（肌肉比脂肪消耗更多的热量，占用更少的空间），减少脂肪储存。因此，即使你不减肥，通过增强肌肉你也可以减少体重。你可以通过抗阻训练保护你的肌肉组织，抗阻训练产生力量，并通过减去脂肪和加强肌肉相结合的方式来减轻体重。

诸多因素对肌肉生长发育很重要，并且最终会重塑或重组你的身体。在为自己制订训练计划时，你需要记住这些因素，一些女性就因为不知道这些而未考虑一些可靠训练原则。有时她们会忽略增加肌肉和减少脂肪的最基本的概念。明白你的能量需求并了解身体如何使用能量是增加瘦体重和从锻炼中得到想要的效果的关键因素。

肌肉生长发育的关键

很明显，改变你的身体成分是涉及许多身体系统的复杂任务。你不但必须通过举重物增加更多瘦体重，减少脂肪，而且也必须理解能量系统、肌肉和脂肪类型，以便制订安全有效长期的力量训练计划。因为肌肉的发育是训练原则发展演变的结果，所以理解和遵从力量训练原则（见第9章）将指导你制订训练计划，并帮助你决定哪种训练方法将帮你达成理想的结果。

为了达到你的健身目标，你必须就日常的基础训练做出正确的选择，并定期评估你的进度。在本书的后面，我们将探讨确定你目前的体能状况、制订长短期健身目标的几种方法。平衡专一性、超负荷、强度和休息（下一节将讲到）将帮助你取得最佳肌肉发育和整体健康。恰当的组合有赖于你的目标和体能状况，可能最重要的是你始终如一地坚持一项训练计划的能力。

专一性

专一性指为改进某个体能元素（例如心肺功能、力量、柔韧性），在训练计划中必须特别注意那个元素。你需要定出目标，确立一个支持目标的训练方法。例如：如果要增加特定肌肉群的力量和大小，你的力量训练必须着重于具体的位置（不要与局部瘦身相混淆，这将在第2章探讨）。如果想要更大的无氧运动能力，你必须在训练中始终把相应的能量系统作为目标。如果要减肥，你必须针对这一目标进行特别训练，每周进行至少6次、每次1小时的训练，把注意力集中在有氧能量系统上。以强有力的步伐步行60分钟或更长时间，伴随短时慢跑或大步走，这有助于消耗身体脂肪。如果要增加柔韧性，需要每天做伸展运动，特别是要拉伸你希望柔韧性得到提高的肌肉。

超负荷

超负荷指任何生理系统（例如心脏、骨骼、肌肉、肺）要改善其功能，必须给其施加比通常更大的负荷。如果你举起日常的物体，就无法实现超负荷或增加肌肉力量。肌肉要变得更大更强更加轮廓分明，负荷一定要足够大，以便引起生理疲劳（在预定的时间内）并且需要时间恢复。

强度

强度指你在健身房锻炼的努力程度，它决定着你募集所有肌肉纤维的效果如何。假如恢复适当的话，募集的纤维量越大，生长刺激就越大。正如早先讨论的，较大的肌肉比较小的肌肉通常更健硕，因为它们的锻炼强度往往更大。当你募集到更多的肌肉纤维时，你就增加了肌肉的力量和大小，同时也消耗了更多的热量。这是因为更大更强的肌肉新陈代谢多——意味着消耗身体更多的热量，使身体保持最好的运行状态。高强度的锻炼应能减少脂肪且增加瘦体重。

休息

　　大多数运动员都知道，运动后必须获得充足的休息才能有高水平的表现。但是许多运动员仍然过度训练，并且请一天假都感到内疚。因为在每次运动消耗后的休息期间，身体得以修复并加强，连续不断的训练甚至能使最强壮的运动员变得虚弱。休息日对运动表现很重要，这有诸多原因——一些是体力方面的一些是心理方面的。

　　休息是体力的需要，以便肌肉可以修复、重建和加强。睡眠是休息的主要功能，对肌肉发育和力量增长至关重要。一般来讲，一两夜睡眠不足对身体表现没有太大的影响，但连续不断的睡眠不足会导致激素水平、肌肉恢复和情绪发生微妙变化。睡眠期间身体会得到充分恢复，这就是获得充足的睡眠和在休息日恢复体力能够使家庭、工作和健身目标保持良好平衡的原因。睡眠量要根据个人状况和特殊需要而定，以确定睡多少个小时最好，然后尽可能经常地达到这个目标。

　　很显然，力量训练不仅可改变你的身形外观，它还影响你的健康和日常行为能力。当把力量训练融入日常生活时，你的体力状况会更好。了解脂肪影响身体的方式及如何确定你是否携带太多脂肪可提供一个参考点，你可以从这个参考点出发来让身体有效改观。确定你目前的健康状况、了解恢复身体的重要性以及强度和专一性的作用，对设计一个最佳训练计划或者确立一个你能够坚持的卓有成效的训练日程表都至关重要。

　　设计一个遵从所有这些指导原则的训练计划极具挑战性，所以许多运动员都会求助教练，以便他们能把注意力集中在训练上。本书可以发挥同样的作用——提供安全高效的训练计划，免去对基于结果的训练的臆测。

第 2 章

力量训练的误区和陷阱

对女性力量训练的误解和迷惑似乎从来就没有消失过。有人说，举重会让你强壮得像个后卫球员。你也许会读到一篇文章，承诺一天只需10分钟便可拥有超模般的身材。传闻、一时的健身潮流和不寻常的饮食往往是女性多年来为获得更大力量和完善肌肉线条确定所使用方法的重要信息来源。

长期以来人们一直认为，进行过大负荷的重量练习会产生冗余的肌肉。然而，提升力量和改变肌肉大小的正确方法来自于研究和运用恰当的运动科学技术，而非流行文化。加速新陈代谢（结合有氧运动）、减少身体的脂肪比例、雕刻肌肉线条、促进能量产生、减少一些严重的健康状况风险、增强个人信心，这些都是力量训练带来的好处。

力量训练不会让你变得强壮，实际上，如果你不举起足够重的负重，就根本看不到任何成效。本章探讨了一些导致许多女性错误理解力量训练的误区，论述了有关重量练习的事实，描述了适合不同健身目标的有氧运动训练，并解释了为什么肌肉酸痛不能作为健身成功的预测指标。我们还将探究女性对腹部松弛的常用借口和围绕这些问题的误解。

女性的健身误区

在开始实施力量训练计划之前，你需要了解有关运动的方方面面，包括有氧训练、柔韧性，以及饮食在帮助你达到健身目标方面所起的作用。若想拥有理想的女性体质——即强壮、身体脂肪低、瘦体重高、有肌肉线条并且在日常生活中体能良好——需要做的不仅仅是举重。以下是女性对运动持有的一些最常见的误解或误区，以及一些对常见问题的回答，这些回答提供了关于运动时尚、健身宣传、虚假妙方和虚假承诺的简单建议，以及每个女性锻炼者应该了解的信息。

如果我想减肥并加强体质，我应该举重还是进行心肺功能锻炼

能够消耗热量的心肺运动是减肥、体重管理和整体健身所必需的组成部分。但关于有氧运动和能量消耗的谬误与有关力量训练的谬误一样随处可见。你可能已经知道，若要减肥，需要同时注意饮食和运动，而运动必须同时包含有氧训练和力量训练。许多女性认为只需有氧运动即可减肥，但事实并非如此。

我们将在本书中详细介绍力量训练对于减肥的价值，但这里我要说，有氧运动是任何力量训练计划和减肥尝试的重要组成部分。原因在于它可以提高热量消耗，改善心脏、血管、脑组织和其他重要器官的健康状况。大量的科学证据清楚地表明，有氧运动（及力量训练）可以帮助预防和控制高血压、冠心病、中风、Ⅱ型糖尿病、骨质疏松症、关节炎、压力、结肠癌、异常胆固醇水平和抑郁症（Hillman et al., 2008）等疾病。

我如何知道何时在燃烧脂肪

关于有氧运动最流行的说法是，你必须在一个特定的心率范围内运动，以脂肪作为主要燃料源。靶心率已成为一个热门词汇。许多有氧健身器甚至在其面板上显示一个燃脂区，鼓励人们在特定的心率范围内锻炼，专门燃烧脂肪。因为在较低的运动强度下，更多的脂肪被消耗，所以许多人认为低强度运动最适合燃烧脂肪。

事实是，我们在运动中使用脂肪和碳水化合物（以及一些蛋白质）来获得能量，这些能量源是伴随身体的需要而按比例提供能量的。在非常低强度的运动中（如以适中的速度行走），脂肪提供所用的大部分能量。随着运动强度的增加，脂肪的贡献减少，碳水化合物和蛋白质的消耗增加。然而，这里重要的是能量消耗的速度，卡路里来自哪里真的不重要。在更高的强度下（如更接近乳酸阈值）锻炼时，你会燃烧更多来自所有能量源的总卡路里。在减脂或减肥中，最重要的是你消耗的卡路里数与你摄取的卡路里数之间的差值。若是为了减肥，运动中燃烧的卡路里来自脂肪还是碳水化合物无关紧要，减脂或减肥其实就是燃烧大量的卡路里，减少摄取的卡路里数。

我能否通过力量训练除去腹部脂肪或收紧上臂肌肉

如果向任何女性询问她的"薄弱"点是什么，她可能会给你列一个清单，列出女性喜欢通过运动加强的所有部位，包括臀部、大腿、腰、腹部和上臂。局部瘦身是一种没有事实依据的观点，认为可以减掉特定区域或肌肉群中的脂肪。然而，全身的减

脂取决于遗传因素、性别、激素和年龄。想要减掉任何特定区域的脂肪，必须从减少全身的脂肪开始。虽然全身的脂肪都会减少或增加，但似乎最容易产生脂肪堆积的地方或最不易减脂的地方是腹部、臀部和大腿。虽然你不能局部瘦身，但你可以局部训练，这意味着你可以通过有氧活动和抗阻训练强化特定的肌肉群。

选择适当的有氧运动

在你的健身计划中包含足够的有氧运动的确举足轻重，不过选择正确的运动类型同样重要。可供选择的运动类型有很多，关键在于更加高效地健身，而非延长健身时间，这里的高效是指更多投入。

你可以轻松提高运动强度，进行有氧运动。你所需要做的就是对你的常规有氧训练稍作变动。例如，你可以提高步行或跑步的速度，做一些上坡练习来提高强度，或者改变常规训练方式，尝试在卧式自行车上踏步或者使用椭圆机来代替步行。你甚至可以在外面慢跑或在跑步时尝试短暂的冲刺，目的在于增加热量消耗。

据了解，有些女性对于进行高冲击运动可以增加热量消耗持有怀疑态度。高冲击是指你执行某些有氧运动（如跳跃或跑步）时身体可能经历的刺激量。不可否认的是，高冲击运动比步行或骑自行车等低冲击运动会燃烧更多的热量，但是请记住，不需要在几分钟内连续不断地进行高冲击运动。在30分钟的步行期间尝试连续进行3次为时1分钟的跳绳。或者在30分钟或45分钟的步行训练中，在跑步机上跑3~4次，每次用时30~45秒。我并非说你不应该做低冲击运动；我只是鼓励你将两种类型的有氧运动纳入你现有的训练日程中。这两种运动相结合可有效燃烧热量，帮助你实现平衡的健身计划。

如果我的力量训练负荷过大，我是否会出现大块肌肉

与许多女性的担心完全相反，大重量的力量训练不会产生大块头的健身体格。不过，有些女性仍然担心这会让她们的肌肉体积过大。以参加健美比赛为目的的女性每天锻炼数小时，运用各种锻炼技巧，其中大部分训练结合了非常重的负荷训练。一些女性还服用激素和类固醇来增大肌肉块。

肌肉力量主要通过增加肌肉尺寸（体积）和补充的肌肉纤维数来增强。当肌肉纤维尺寸增加时，肌肉将会增大。肌肉尺寸的增加程度依赖于饮食、遗传因素、肌肉纤维类型以及相关训练。

循环激素如睾丸激素在大块头肌肉发育中发挥重要作用。男性的循环睾丸激素比女性高20~30倍，而且男性拥有更多更大的肌肉纤维，而正是由于这个原因，男性的肌肉比女性发育得更大。记住，遗传因素和个体差异也影响着肌肉块增大的速度和程

度，不论是男性还是女性。采用同样的训练方法的男性和女性可以增加肌肉力量，但由于女性睾酮水平较低，肌肉纤维数量少于男性，因此不能像男性那样增加肌肉尺寸。

保健品能否帮助减重并增肌

数以百万计的人依靠营养保健品来改善他们的运动能力。实际上，营养保健品行业缺少系统的监管，所以，任何的保健品都无法保证能达到其宣传的效果。更重要的是，也无法保证这些保健品是安全的。当然，如果根据制造商的说明来服用，一些营养保健品仍然可能是安全有效的，例如维生素和矿物质补给品。不过，虽然推荐的剂量可以改善由于饮食不良而导致的缺乏症，但大剂量服用却可能会产生毒性作用。由于营养保健品不受美国食品和药物管理局（FDA）监管，所以不能保证标签上写明的成分真实存在于保健品中。

某些类型的有氧运动是否有助于燃烧更多的热量

你选择的运动类型将决定你消耗的能量，因而决定你燃烧的总卡路里数。市面上面向女性推销多种运动模式，声称它们能燃烧更多的热量。健身消费者不禁想知道，什么因素会决定着运动中燃烧的卡路里数。在某些运动中（如单车课或热瑜伽课）你可能会大量出汗，却并不一定意味着你正在燃烧更多的热量。另外，突然的剧烈运动不会燃烧大量的热量。保持规律的运动才能有效减重。

在选择健身项目时，了解身体在锻炼过程中燃烧热量的决定因素，以及为何身体会以此规律消耗不同数值的热量，是很重要的。掌握了这些信息之后，你就可以为自己设定切实的目标，减少脂肪以及增加瘦体重。此外，你将能够更好地辨别许多广告宣传的真相，比如有些广告声称特定的运动模式最适合消耗热量和减肥。其实你锻炼得越多，就会变得越健康，快步走或跑5英里（1英里约为1.61千米，余同）比快步走或跑1英里燃烧更多的总卡路里数。所以，与其跑1英里燃烧100卡路里，你可以选择去燃烧约500卡路里，这比你呆在沙发上燃烧的卡路里要多得多。底线是：你越努力健身，消耗的热量就越多，你必须定期（最好是每天）这么做。

力量训练的误区

许多女性在开始一项力量训练计划时可能会感到困惑。以下几节介绍了一些最常见的力量训练误区，以及如何克服或避免它们。

收益递减

在6~8次健身训练中，肌肉可快速适应应力并根据某项锻炼而调适，这被称为收益递减原则——一个可应用于健身（对我们而言是力量训练）的经济学术语。收益递减是指尽管劳动力增加，但预期成果开始减少。最后，肌肉在特定的锻炼中变得非常高效，它们逐渐适应消耗更少的能量来执行运动项目，使得常规锻炼效果不再那么有效。这就是为什么在制订长期健身日程时，每隔几次训练就要改变锻炼方式（即使对于同一个肌群）的原因。这也是为什么每个肌群都有这么多训练方式以及为何分期训练方法如此重要的原因。

肌肉酸痛和疲劳

如第1章中所讨论的，密集锻炼后所发生的肌肉疼痛（称为延迟性肌肉酸痛）是对肌肉施加强力负荷的结果。举重可带来两种类型的酸痛：一种是在紧张的运动过程中立即感受到的，另一种是在几天之后感受到的。如果你初次进行力量训练、在一段时间内未锻炼过，或者体重（或负荷）和运动模式对你的身体来说很陌生，经历DOMS的可能性就很高。即时肌肉疲劳是在进行持续30秒至3分钟的高负荷或最大运动量时感觉到的疲劳，与代谢物积累有关，代谢物（如氢和乳酸）的存在使肌肉细胞不会收缩。运动训练完成后，产生的过量代谢物被快速清除。在运动期间，过量代谢物在肌肉细胞中被代谢，而未被肌肉细胞清除的代谢物会被运送到肝脏进行代谢。

健身新手不必被DOMS吓倒，因为它通常是对激烈运动的反应。当DOMS发生时，肌肉恢复而且尺寸增加，从而使体能耐力更好。不过肌肉紧张或扭伤等急性、突然和尖锐的疼痛不能与DOMS的疼痛相混淆。这些损伤常常会引起肿胀。DOMS总是在进行全新的剧烈运动后的两天内最痛苦，酸痛将在接下来的几天内消退。重要的是要在训练间歇进行充分的恢复，特别是如果你的训练强度过大，导致DOMS产生。恢复对于增加肌肉量和改善力量至关重要。

在你经历DOMS时，你仍然可以锻炼一个肌群（例如，进行有氧或耐力和柔韧性练习，如瑜伽或普拉提）。但是，在经历DOMS时不要进行高负荷力量训练，要让肌肉充分恢复，然后在酸痛消退后继续锻炼这个肌群。

受伤风险

所有类型的运动都会对你的身体提出超常的要求，特别是在进行力量训练时，选择太重的负荷或进行不适于目前健身水平的锻炼，可能会将你置于受伤的风险当中。即使是最谨慎的健身者都可能发生损伤事故，损伤可能出现在许多地方，包括脚、膝部、胫骨、髋部、肩部和腰背。一个经验之谈就是要快速治疗所有的损伤，不要因为你不想承认有伤，或者认为如果你承认受伤就无法继续训练，就不去处理伤病，损伤发生时需要调整训练计划。

运动时使用以下一般损伤预防准则。

- 做好热身准备。
- 缓和运动，直到身体达到预备状态，并适当地拉伸来提高柔韧性。
- 穿上合适的运动鞋（更多详细信息，请参阅"选择合适的鞋"部分）。
- 不要过快增加训练的步伐、强度或持续时间。遵循10%的训练规则：开始一项新的训练时，要循序渐进，每周增加的负荷和运动量不超过10%。
- 确保在健身中有足够的葡萄糖可补给肌肉。至少在运动前两个小时，吃一顿含有碳水化合物和蛋白质的食物或小吃。

选择合适的鞋

力量训练会给你的足部施加额外的压力，所以一定要穿一双能提供支撑和牵引力并且舒适的鞋。专业举重运动员不得在没有合适鞋子的情况下参加比赛。虽然特殊举重鞋对于一般健身者来说不是必需的，但鞋子确实很重要。你要针对你所做的运动穿最好的鞋子。为此要考虑你双脚的大小、形状、足弓和其他细节，比如你步行、跳跃或跑步时脚如何落地。如果你进行跑步或是做力量训练，请确保运动鞋是舒适的，舒适的运动鞋对这两项运动都很有利。

在购买鞋子之前，先在商店里试穿，穿着走走。如果当时感觉穿起来不舒服，那么这双鞋就不适合你。另外，要在一天中的晚些时候试穿鞋子，人的双脚在早晨要更小更紧，经历了一天行走之后会变大。另外，务必带着你健身时会穿的袜子到商店中，选择合适的鞋必须将袜子的尺寸考虑在内。

无论你选择什么运动，知道与脚和鞋有关的几个术语也很有帮助。足内翻用于描述踝关节的运动，平均着地是指脚后跟和脚前掌均匀地，且脚踝不旋转。足内翻的人（即足弓扁平或下陷的人）往往踝关节过于向内侧翻转，内旋不足的人（即具有高足弓、脚僵硬的人）在其步幅中没有足够的屈曲。踝关节和足弓的问题影响所有运动，所以可以请一个专家观察你的走路步伐，并且如有可能观看你的跑步步伐。

如果你有高足弓，可以考虑缓冲鞋，这类鞋有一个弯曲型楦头，在脚后跟或脚前掌下（或同时在两个地方）有衬垫，支撑从脚跟触地到脚前掌蹬离的倾侧运动。如果你是一个阔步走路者，可以物色一双能提供中等程度的缓冲、运动控制和稳定性的优质鞋，以支持高效的跑步运动，而不需要提供太多额外的支撑。稳定型跑鞋比动作控制跑鞋轻，但比缓冲跑鞋重一点。

无论你选择什么鞋，都要将舒适度作为最终决定因素，而且务必要每6周左右更换一次运动鞋。鞋的自然缓冲和支撑在大约6周内失效。尽管一双鞋看起来好像状况良好，但起到重要保护作用的支撑结构已经被削弱。定期投资购买运动鞋，让鞋子始终能胜任某一项运动。

- 运动前、运动中和运动后饮用大量的水。
- 如果需要，听从你的身体信号，停止运动休息一下。

此外，如果疼痛持续10天以上，出现流血或严重的瘀伤，怀疑发生扭伤或骨折，站立时持续眩晕或头晕并且你觉得不同寻常，或者遇到有悖于正常健康状态的任何其他症状，最好去看医生。

身体意象

你的身体意象是你对自己身体的认知或印象。我们并非生来就有身体意象。我们对自身外观的感知受到家庭、朋友和媒体的影响，也受到我们的种族和性别以及我们身处的文化的积极或消极影响。美国运动医学会（American College of Sports Meclicine，2007）的研究表明，负面身体意象与严重的健康和情绪问题有关。身体形态不佳的人比身体形态好的人更容易出现抑郁、饮食失调和焦虑症。他们也更有可能不健康地竭尽全力改变身体和外观。

具体就运动和力量训练而言，认识和接受你的体形至关重要。遗传基因和其他生活方式的因素在你应对力量训练方面发挥巨大作用，甚至超越你使用的训练技术。我们来看看以下几种体形，这些类别纯粹基于遗传体形。

- 内胚型——一种更柔软、更圆润、身体脂肪含量高的身体。
- 中胚型——体格健壮的肌肉体质。
- 外胚型——一种纤细、精瘦的体质，身体脂肪含量低。

你的身体属于哪一种类型？如果你难以确定哪一个是符合自己的描述，想想你在孩童或青少年时期的身体类型。这一意象将反映你的遗传体形。鉴别你的体形并不意味着你不能改变你的身体脂肪含量或瘦体重。它只是帮助你了解为什么你对运动做出回应的方式可能不同于你的朋友或家人。如果你忽略了关于你体形的事实，你可能会发现自己试图改变身体是不现实的，甚至是不可能的。无论你的体形如何，都不要让它成为规避运动的借口。

以下小建议将有助于确保你采用正确的运动方式建立和维持正面身体意象。

- 始终关心和珍惜你的身体。
- 选用让你自我感觉良好的着装。
- 运动可提升自信，所以要做好日常运动。
- 照照镜子，而不要评价自己。
- 设定实现生理和心理健康的目标，而非沉迷于你的外表。

如果你将你的运动期望与你的遗传因素匹配起来，你可能会更享受运动及其益处。

女运动员三联征

大多数女性都对自己的体形有担忧，而从事专业运动的女性则面临出现健康危机的风险，这个危机被称为女运动员三联征。

患有三联征的女性有一些风险因素，使其与其他做运动的女性区别开来。三联征是在将近 25 年前鉴定出来的，最初包括饮食失调、闭经和骨质疏松。女性可能会有三联征中的其中一个、两个或三个症状。今天，三联征被定义为与饮食失调相关的能量不足和月经紊乱。能量不足和低水平的雌激素都与闭经有关，并且也在骨质流失（即骨质减少）中发挥作用。

三联征的每个组成部分都有一个严重程度连续谱，从健康到较严重，甚至到疾病。许多女性运动员并没有表现出连续谱两端的症状，而是有一个或多个症状的迹象，这些症状沿着三个连续谱发展。症状可能以不同的速率发生，意味着一位女性可能在不同程度上具有三联征中的一个、两个或所有三个症状。虽然一种症状可能独立于其他两种症状而发生，但是经历三联征中一个症状的女性更有可能也在经历其他症状。

女性健身爱好者或运动员可能患有三联征中一个或多个症状的常见迹象包括以下几种。

- 月经周期不规律或闭经。
- 总是感到疲劳。
- 难以入睡。
- 经受压力性骨折，频繁或复发性损伤。
- 经常限制食物摄入。
- 不断努力变瘦。
- 饮食不足以改善身体机能或外观。
- 手脚冰凉。

如果你的月经周期不规律，压力增加，出现压力性骨折或严重限制性饮食模式，请务必就医并询问是否需要体检和治疗。请记住，即使是相对适度的食物摄入限制（不管体重是否减轻）或轻微的不规律月经周期变化也可能是严重并发症的早期指标。最起码要注意你的月经周期的任何变化，而且要记住，女性健身者需要足量的热量摄入、恢复期，并且要有一名合格的医疗人员定期为其进行体检。

随着越来越多的女性变得对力量训练感兴趣，能够从有关女性力量训练的幻想中辨认出真相就变得至关重要。由于力量训练提供如此多的健康和健身益处，因此尽可能定期进行。虽然很多女性认为力量训练只适用于男性，但实际情况并非如此。甚至可能力量训练对于女性更重要，因为它提供了一个在最大程度上控制体重的方式，同时也具有许多其他长期的好处。

第**3**章

有效力量训练的要素

良好的体态对你的整体体能和健康至关重要，虽然很多人意识到良好体态的重要性，但它仍然是最受忽视的健康因素之一。体态不良是力量训练中的常见错误，可能导致呼吸机能差、自信心降低、体形过胖，这些也是导致使力量训练中受伤的潜在原因。通过加深对体态的认识，你可以找到身体上需要增加力量和柔韧性的部位。另外，选择正确的力量训练器械会促进肌肉的平衡，提升你的整体生理机能。

本章通过仔细分析长期不良体态及其影响和可用于改善体态的技巧，探讨有效力量训练的基本要素。其中还概述了力量训练器械和训练方式，并帮助你根据目标和可用的器械选择锻炼方式。

建立正确的体态

你可曾注意过体操运动员、舞蹈演员或一整天坐在桌边的人的特定的体态？例如，通常你可以通过体操运动员站立、走路或拿东西的方式看出他们在从事体操这项运动。体操运动员是需要采用完全不同的姿势完成比赛的运动员。后背出现严重拱形（被称为脊柱前凸的脊柱偏离）的原因在于她的运动项目要求基于手多往一个方向的转动。这是进行此运动的必然结果，而且随着这种姿势在训练中的不断强化，他们在日常生活中经常维持同一种姿势，这通常是他们膝部、肩部、颈部和后背严重受伤的原因。尽管舞蹈演员或全天坐着的人的姿势可能会导致不同程度的脊椎错位，但最终的结果是相同的——日常姿势不当，疼痛和损伤经常出现。不良姿势是脊柱和肌肉偏离的体现，很多人都有着一定程度的不良体态。因此，掌握体态方面的知识，有助于通过力量训练纠正不良姿势及增强核心力量。

当关节对齐并且脊柱处于最自然和理想的位置时，是进行训练的最佳时刻。你的姿势会影响你在日常生活中所做的一切——一整天坐着、站立或者走动都会对你的背部造成极大的伤害，因为重力一直在向下施力！当你累了，你的身体就会绷紧，肌肉和其他软组织收缩，你的姿势必须对此进行补偿才能帮助你直立，以使身体机能正常运转。身体姿势不佳和肢体不协调会拉伤你的关节，并可能导致头痛、颈部和肩部紧张、坐骨神经痛、髋关节和膝关节疼痛，以及自信心降低。身体姿势不佳还会对关节和脊柱产生压力，无论你是举重还是只是遛狗，正确的体态势必可以抵消重力对身体施加的影响，减轻脊柱和后背的压力，并确保各关节的正常活动。

不良姿势最常见的表现是头部前倾、圆肩（也称作脊柱后凸）、腹部隆起、腰背过度弯曲（脊柱前凸）和膝关节超伸。大多数女性有肌肉不平衡的自然倾向，某些肌肉容易缩短，另外一些肌肉容易拉长和疲软。例如，由于肩部和胸部缺乏柔韧性或缺乏力量，有些女性倾向于驼背。加强中背部和胸部肌肉以及常做舒展肩部的运动有益于改善姿势，纠正肌肉的不平衡。良好的姿势也会使上身和下身之间的肌肉看起来更加平衡，并让你感到体重减轻。

姿态可以通过自我意识、核心力量增强和全身力量训练得到改善。这意味着正确的力量训练和使用合理的训练技巧可以减少背痛，降低受伤的风险，增强上腹部和核心肌肉组织，并提高自信心，从而直接或间接地改善体态。

了解身体状况最好的方式是成为自己的体态专家。了解你的体态情况是对身体姿势进行必要调整的第一步。正确的站立方式是将身体的所有部位堆叠起来，从头部到肩部、髋部、膝部和脚。为了轻松正确地评估你的姿势，可以从侧面观察镜子中的身体，或者让一个朋友辅助你进行直立铅垂测试。在直立铅垂测试中，创建一条铅垂线或直线（例如，将钥匙环连接到一条绳子并将其挂在门廊上）。当你站在这条线旁边时，你的耳朵、肩部、髋部、膝部和脚踝的中心应该在一条直线上（见图3.1）。

姿势不平衡说明你移动时，某些肌肉正在完成过量的工作。如果相较于脊柱的自然曲线（称作中立脊柱），你的姿势不够直也不正确，那么较强壮的肌肉会开始补偿降低或丧失的肌肉力量，这被称为肌肉代偿，这也是在某些背部或腹部训练期间你可能会感到颈部疼痛的原因。当你在进行本书介绍的任何力量训练时，如果发生这种情况，必须停止训练并纠正你的体态。应该使用较轻的重量，甚至进行不同的训练，让你处于较好的姿势。如果你在训练中未做出这些调整，可能导致你的体态问题更糟！

图3.1　进行直立铅垂测试时的正确姿势和对齐方式

为了在运动中保持正确的姿势，应该了解中立脊柱以及如何在身体中找到它。找到中立脊柱的方式如下：仰卧，同时双膝屈曲，双臂平放于身体两侧。将背部紧贴地板然后让骨盆后倾（见图3.2a），然后在地板上拱起下背部（见图3.2b）让骨盆前倾。如第29页的图3.4所示，感觉下背部处于中立的地方，即位于骨盆前倾和后倾的姿势之间。

图3.2　a.骨盆后倾；b.骨盆前倾

靠墙站立测试，改善体态

无论是良好体态还是不良体态，都是从反复的动作习惯发展而来的，所以，养成通过简单的自检方法来评估脊椎位置的习惯将帮助你大大改善和纠正不良体态。为了了解自身的姿势代偿，可以尝试采用这种姿势进行自检。

1. 背靠墙站立，双脚离墙约4英寸远。确定肩胛骨和臀部都碰到墙壁（见图3.3a）。

2. 头往后触到墙壁，保持下颌与地板平齐。收紧肩胛骨，将其平压在墙上。双臂紧挨墙壁，拇指向前，小指轻触墙壁，指尖朝向地板（见图3.3b）。

3. 收腹，确认下背部与墙壁之间有两个手指宽的距离。确保膝关节不放松，双脚向前且位于髋部正下方（见图3.3c）。

4. 尽可能保持直立，呼吸约1分钟。在面前放一面镜子，或者让一个朋友监视，确保身体不动，保持呼吸。

5. 尽可能直立一段时间后，离开墙壁放松一下。

你是否感觉身高更高了？觉得哪一部分比较难？把头往回拉还是把肩部往回拉？在墙壁与下背部之间留出一定的空间，还是将腹部尽量往回收使这一空间更小？无法锁死膝关节？还是无法保持脚伸直并且脚趾指向前方？最难保持直立的部位就是你的体态薄弱之处，或者具有变得薄弱的隐患，必须马上予以纠正。

图3.3 靠墙站立测试

图3.4 你的中立脊柱通常位于骨盆前倾和后倾的姿势之间

体态在调动核心肌群工作的过程中发挥着巨大的作用；正确的体态与核心力量相辅相成。如果你的核心力量很弱，你将很难顺利地将脊柱拉直。如果你平时关注当前的运动和健身趋势，你可能听过"核心肌肉"一词，许多人将其与"腹肌"相混淆。"核心肌肉"是指腹壁和背部的肌肉，这些肌肉能够支撑你的脊柱，保持你的身体稳定、平衡。核心肌肉在保持躯干的长度和脊柱的直立姿势方面也发挥着重要作用。但是，腹肌和背部肌肉协同合作可改善体态与核心稳定性。核心训练可加强躯干的前侧和后侧，为脊柱提供力量和支撑及改善体态。

使用合适的重量训练技巧

在第二部分"针对女性的力量练习"中，每项练习都是以尽可能安全和有效的方式进行的。尽管如此，你仍需要根据你当前的体能状况、已经存在的伤病、运动范围内的肌肉代偿或其他生物力学方面的限制随时做出调整。但是，总体来说，恰当的姿势及我们之前讨论过的正确体态将是所有练习的重要影响因素。为了进一步突出这一点，让我们来看看适用于站姿训练的姿势。

- 双脚平行，与髋同宽，站立。与髋同宽也称作与髂前上棘（ASIS）关节同宽。ASIS关节是位于髋部区域顶部骨盆上的凸起骨骼。要找到这些关节，应触摸该区域，直到找到髋骨，然后将手或手指放在上面（见图3.5a）。若在两块髋骨之间绘制一条线，它应该是水平的。
- 双脚与髋同宽站立时，检查确认你的体重均匀分布在双脚之间。感受脚掌、脚跟和外边缘的重量。稳稳地站立以保证能够轻松地用足弓起立。
- 将小指放在髋骨上，将拇指置于肋骨架底部（见图3.5b），用手指再次触及髂前上棘。该测试可以帮助你确定肋骨架正好位于髋部之上，并且你的骨盆处于中立位，不会在骨盆后倾时向后倾斜或骨盆前倾时向前倾斜。

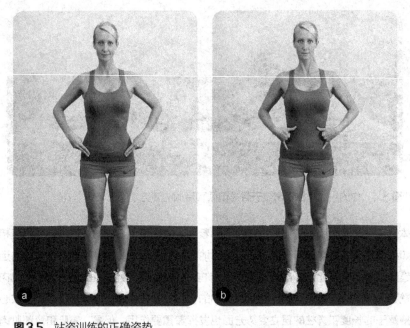

图3.5 站姿训练的正确姿势

- 抬起胸部，将肋骨从骨盆中分离出来，方法是收紧腹部肌肉，收紧肩胛骨并向下滑移至背部。将头部保持在脊柱正上方，并与天花板齐平，让下巴与地面齐平。

　　如图3.6所示，在镜子前举重是确定你在训练时身体处于中立位且姿态正确的好方法。虽然一些原有的奥运举重动作有着严格的动作规范，但是本书所述的任何力量练习都没有完美的技巧。人们的动作方式不同，目标不同，解剖结构不一样，所以需要相应地尊重自己的身体。但是，你应该遵循具体的姿势，尽可能创造最安全的负重环境。这就是为什么我鼓励使用正确的姿势和技巧的原因。使用适当的技巧有助于增强核心力量，改善整体体态，减少受伤的风险。

　　最后，你应该谨记一些基本的身体摆位技巧，不仅仅是针对站姿训练，还有坐姿或卧姿训练。以下技巧将帮助你在执行本书中的训练时摆出正确的姿势，灵活运用你的关于中立脊柱的知识及训练指导准则。

- 在训练时使用背部支撑，提示自己坐直或站直。当你躺在哑铃凳上时，在举重之前，借助平坦的表面来调整好姿势。在进行一定强度的站姿训练时，如有可能，尝试使用墙壁来纠正姿势并保持完美的姿态。在进行坐姿训练时，在训练的同时使用带椅背的长凳来保持脊柱挺直，并提醒自己始终保持正确的姿势。

图3.6　在镜子前举重可确保你的姿势正确

- 站姿举重时，放松你的肩部，不要耸肩，也不要让你的肩胛骨向上移动。否则斜方肌通常会用力过度，也会减弱对受力肌群的压力或刺激。
- 不要通过来回摇摆你的身体借力。虽然惯性可能会帮助你举起更大的负荷，但摇摆会对关节和腰背造成额外的压力，并可能增加过度使用性损伤的风险。
- 再次强调，无论进行何种力量训练，都不要拱起背部。否则，脊柱不再保持挺直，可能会增加你受伤的风险。
- 手腕保持笔直状态，从前臂延伸，不要屈曲。举例来说，在负重时如果手腕屈曲，则手腕会承受更大的压力，这可能造成伤害。
- 保持你的腹部肌肉收紧，肋骨与髋部分开。这有助于在训练期间让脊柱保持笔直。
- 在训练期间平稳呼吸，保持持续恒定的呼吸频率。呼气会增加胸腔内的压力，可以通过增加核心力量来帮助你度过负重或动作定型的艰难阶段。
- 最后，在你所做的每一项力量训练或运动中，始终确保你的脊柱是直的，耳朵与肩部在一条直线上，腹部提升，保持挺胸，保证肩部远离耳朵，并且双侧肩胛骨收缩时被拉向彼此。你练习正确姿势的次数越多，就越能注意到你姿势的改变。

力量训练和呼吸技巧

力量训练期间，呼吸是一项重要的原则，它在你的健身过程中应该成为焦点。你可以通过呼吸来控制你的运动速度，以及安全地进行负重训练。

在激烈的运动中屏住呼吸会导致你的血压上升。这非常危险，特别是如果你已经罹患高血压（许多人没有意识到他们有高血压）。屏住呼吸也可能导致血管破裂，特别是视网膜，同时也可能会使你失去知觉。为此，在运动中一定要注意呼吸方式。力量训练中，呼吸原则包括吸气和呼气，一般而言，发力时呼气，还原时吸气。例如，在使用曲杆进行肱二头肌弯举时，要在将杠铃引向身体时呼气，然后在伸展手臂、让杠铃回到起始位置时吸气。

在日常力量训练中建立节奏，可以帮助你掌握正确的训练速度。通过呼吸来指定你在每次训练中的动作速率，例如，如果举重当中最艰难的阶段需要呼气三秒，那么你就应该按照这个速率完成这一动作。使用这种方法时，有些练习会比其他练习快一些，但如果你能够将运动速度与呼吸速率（吸气和呼气）相匹配，你将始终以正确的节奏完成训练。

在力量训练过程中运用呼吸的另一个好处是增加腹内压力。正常呼吸时涉及的一种肌肉是腹横肌，当你呼气时，此肌肉会收缩。你可以试试看，注意，在你呼气时，你的腹壁会收缩，然后使核心的肌肉变硬，这有助于支撑脊柱。力量举重运动员和其他高段位力量训练者会在高负荷举重期间有意地屏住呼吸，以增加腹内压力，但我不建议你在力量训练期间屏住呼吸。确保你在训练期间呼吸，尝试通过呼吸帮助你完成动作，并且在每一组训练中保持这一节奏。一开始需要集中注意力，但不久之后这就会成为一种习惯。

了解力量训练活动的类型

你很有可能听说过闭链运动和开链运动，但也许你不理解这些术语的含义，或是不明白两者之间的区别。首先，动力链是一起锻炼的关节链，例如，在组合进行某项锻炼时，髋关节、膝关节和踝关节构成了下肢动力链。同样，当肩部、肘部和手腕与脊椎一起辅助进行一项训练时，就构成了上肢动力链中的一个示例。进行闭链运动和开链运动的好处有很多，以下信息将帮助你了解两者的差异和每种运动类型的优缺点。

闭链运动

链指的是动力链，表示所有的骨骼和肌肉都链接在一起；因此，你所做的动作也是动力链的一部分。你每天都会进行闭链运动，因为它们是日常生活自然而然的部分。闭锁运动也可称作功能训练。

在闭链运动期间，你的手或脚处于恒定的固定位置（通常在地面上）。闭链运动一次就能锻炼多个关节和多个肌群。例如，下蹲涉及膝关节、髋关节和踝关节以及多个肌群（股四头肌、腘绳肌、髋屈肌、小腿和臀肌）。这很好，因为在日常生活中发生的大多数运动是在多关节模式下使用大肌肉群进行的。一次使用更多的肌肉可以消耗更多的热量，提高体力和耐力。闭链运动可以借助体重、附加重量（包括自由重量训练器材、药球、壶铃或其他外部阻力）或使用TRX悬吊训练器完成。闭链运动的例子有俯卧撑、深蹲、平板支撑和箭步蹲，所有这些运动都可以在加重或不加重的情况下完成。

闭链运动非常实用，即它们可以模仿日常生活中的活动。在日常生活中或体育运动中，很少有动作会像开链运动一样将关节和肌肉隔离开来。（开链运动独立于人体中的其他肌肉或关节进行。）闭链运动的缺点是，许多这样的运动对健身入门者来说太具挑战性，因为它们需要对人体和体态有一定的认知。所以说开链运动在改善孤立肌肉群的力量上或者在力量训练时的开始阶段很有帮助。例如，在孤立训练胸肌的器械上进行练习可能会让更多的意识和注意力集中到胸肌上。你无须支撑自己的身体，因为器械会帮助你做到这一点。如果你是健身入门者，则可能需要这种支撑和反馈，然后再尝试进行不提供任何支撑或帮助的更复杂的训练，比如使用杠铃或哑铃的平板卧推。相比使用胸推训练器械，卧推需要你具备更多的身体认知和力量。

开链运动

简单地说，开放动力链中的运动需要身体受到支撑，而手或脚在运动期间可自由移动（例如在器械上做扩胸运动或屈腿练习）。此时，身体有所支撑，所以你不必在运动过程中稳定自己或者努力支撑自己的体重。进行开链运动时，你还必须克服固定阻力。在一台腿举机上，你必须克服所选择的阻力以使器械移动，相应地增加目标肌肉或肌肉群的力量。这些类型的运动器械对倾向于单个肌群或单个关节的训练大有裨益。例如，在腿部伸展运动中使用到膝关节，这个运动就分离出一种肌肉——股四头肌。

开链运动可以在加重或不加重的情况下分别完成，但当加重时，通常将附加重量放置在肢体远端（如脚踝处）。开链运动的例子有胸部按压、肱二头肌弯举和腿部伸展。开链运动（例如，在器械上进行的膝部拉伸或腿弯举训练）的缺点在于，它们会产生剪切力（速度×距离=力），对膝关节（包括易损韧带，如前交叉韧带）形成较大压力，并且更可能导致包括膝部、肩部和髋部脆弱关节的损伤。

开链运动对于初学者、训练时可能需要辅助的老年人以及想要增加特定肌肉的尺寸或力量的人来说是一个不错的选择。例如，相比那些有更实际的健身目标，因而想要实用的健身计划的人，女性健身者可能在开链运动上花费的时间更多。

如果你有关节疼痛（如膝部疼痛）或者某一关节以前受过伤，最好避免在该关节上进行某些类型的开放式运动。例如，如果你的膝关节不好，你应该进行闭链运动，比如深蹲和箭步蹲，而不是基于器械的腿部伸展或腿弯举等开链运动。如果你的肘关节或肩关节受伤，你更需要的训练是俯卧撑（闭锁动力链），而不是平板卧推（开放动力链），或引体向上，而非过头举。虽然开链和闭链运动都可提升力量水平，但开链运动是还有优势的。例如，如果你受伤了，你的手臂被放入石膏板中，那么手臂的肌肉（肱二头肌和肱三头肌）会萎缩（变小）。进行诸如坐姿二头肌弯举或基于器械的二头肌弯举等开链运动可有效增加该肌肉的力量和尺寸。通常在康复计划、初始力量训练计划以及旨在增加特定肌肉群尺寸和力量的计划中会选择这些类型的练习。

从众多的力量训练器材中进行选择

现在有很多器材可用于健身和增强体能。由于在日常锻炼中你投入了宝贵的时间和精力，所以选择正确的器材是很重要的。然而，决定使用什么健身器材以及何时使用则很难。下面几节将探讨各种抗阻训练器材的利弊。增加肌肉力量和耐力最重要的是逐步增加阻力。这些器材建议将有助于你确定使用何种器材、何时以及如何使用它们，并且指导你根据你的目标实现最大训练效果。

自由重量训练器材

自由重量训练包括哑铃和杠铃训练，运动应用领域非常广泛。因为它们将稳定肌群纳入其内，自由重量训练能够比负重辅助器械训练更加有效地提升整体肌肉力量和增强体能。

自重训练

自重训练是一种重要的抗阻训练。诸如平板支撑、引体向上、双臂屈伸和俯卧撑等训练，以及需要躯干屈曲或伸展的许多核心训练都是力量训练的日程中最应该包含的实用训练。大多数自重训练不需要额外的器材，并且对增加肌肉力量和耐力非常有效。自重训练是通过不断重复练习（而非增加阻力）来推进的。循序渐进重复的方法在运动持续时间超过1.5分钟时发挥作用。一旦你能够以良好的状态持续进行这一训练超过1.5分钟，力量训练带来的刺激就会减弱。

进行自重训练也有助于提高动作精确度。能够用最佳技巧正确地进行运动对运动的安全性至关重要。运动精度是保证正确选择运动方式和使用运动技术的一个基本条件。如果身体活动出现障碍，则需要就运动模式和动作机理进行重塑。对功能障碍运动模式增加负荷必将导致损伤。以清晰、明确、严格的准则进行运动是获得正确运动技能的必要条件。

可以加入额外的负荷来增加自重训练的难度，而且一些训练确实需要某种装置（如悬挂式训练器）去倚靠或悬挂，但大部分自重训练仅需要一块地板。还可以通过穿戴加重背心来增加自重训练的难度。有些人在做双臂屈伸和引体向上时使用皮带将附加的负重板绑到身体上。其他解决方案包括普拉提和瑜伽运动，这类运动将柔韧性和关节活动度与自重训练的力量和耐力联系起来。目前已经有从简单到复杂不等的大量自重训练器械和训练方式。

哑铃的功能非常多样化。哑铃练习需要双手平均施加力量。当你抬起和平衡重量时，肌肉就完全参与其中。不利的一面是，你必须学会在施加力量的同时平衡重量。如果你要在无人帮助的情况下将重物举过头顶或做某些困难的抓举动作，会很难且可能存在危险。

通过自由重量训练很难分离出某些肌肉。要锻炼特定的肌肉，你需要使用非常精确的技巧。例如，可以摇摆自由重量训练器材产生动能，而不是缓慢而稳定地抬起。在某些情况下，如果你的技巧使用错误，那么控制力的不足可能会导致受伤。然而，有了安全负重技巧的知识，你就可以进行各种各样的哑铃练习，以不同的方式锻炼你的肌肉。

使用杠铃时，你必须保持正确的姿势，并尽可能地让你的肌肉充分运动起来。使用杠铃，你通常可以举起比用哑铃时更多的重量，因为杠杆和支撑销让我们可以将更多的负载放在杠杆和挂架上。由于杠铃和附加板（如有使用）的重量沿着杠杆轴线分布，所以即使在重量负荷相等的情况下，比起自由重量训练器材，使用杠铃更容易举起和控制较重的负荷。杠铃经常用于较重的抓举，例如前后蹲举、平举和倾斜推举，以及一些过头举。

负重器材

负重器材也称作特选器械，非常适合初学者，因为它们提供身体支撑，并且运动模式是预先确定的。它们并不像自由重量训练器材那样令人生畏，使用起来也比较容易。选择适当的重量也很容易，只需按照器材的运动范围，保证锻炼到你的目标肌群即可。负重器材也能有效防止受伤。当我们超出身体可承受的活动范围去训练时更容易受伤；使用负重器材可以通过控制动作和运动范围来避免这一情况。

通常，许多负重器材被布置在可以分别锻炼不同肌肉的健身区。你坐、站或躺在一种负重器材上，让它引导你的身体运动，同时提供阻力。一旦你选定了负荷，就可以快速进行锻炼，从一台器材转到另一台器材轻松地进行一组练习，而不必重新调整哑铃或找到负荷适当的器材。

特别适合于负重器材的训练包括躯干旋转、躯干挺伸、膝关节屈曲和伸展以及髋内收和外展锻炼。这些接合性动作和相应的肌群如果只是使用自由重量训练器材是难以分离出来的。

不过，使用特选器械存在不利的一面。虽然器材可以通过控制动作和运动范围来减少受伤的风险，但也会导致你连续数周反复进行相同的运动。当你每次训练时都锻炼相同的肌肉、肌腱和韧带时，你的力量将停滞不前，但是你却产生了力量增加的错觉。在器械上进行锻炼（开链运动）和举起负荷（如自由重量训练）（闭链运动）是显著不同的。

你可能会发现，尽管在健身房你的体重不断增加，但走出健身房，并没有感觉自己特别强壮。例如，当你弯腰拿起一个沉重的箱子时，你无法让身体的非运动部位休息（就像使用器械将所有力量封锁到运动肌肉上时所做的那样）。你需要调动更多的肌肉，比如身体中心的核心肌群，以便在拿起箱子的同时稳定自己的身体。如果这些肌肉不够健壮，你可能很难进行闭链运动，你必须用自己的肌肉、关节和脊柱来稳定身体。即使你保持在合适的运动范围之内，你仍然可能会因负重太多而使你的肌肉超负荷，导致肌肉劳损或撕裂，从而使你几个星期无法做运动。

绳索拉力器

绳索拉力器与负重器材具有相似的性能，但与传统的负重器材相比能够显著增加运动自由度。如同特选器械，绳索连接到垂直配重片，当反向重力拉动时该配重片会移动。因此，在几乎所有的绳索拉力训练期间，阻力在整个运动范围内保持不变。热门的绳索拉力训练包括肱三头肌下压、高滑轮下拉以及肩部、胸部和背部锻炼。

药球

药球有各种各样的重量、形状和尺寸，可用于各种站姿、坐姿、俯卧和仰卧位锻炼。即使掉落，它们也不会像自由重量训练器材那样危险，并且可以在两个人之间传递。药球的最大优点之一是，可以快速地传递和掷球（抛掷或抛出和释放），形成有力度的运动模式，在动作结束时也不会对关节结构产生压力。

阻力绳

阻力绳比较便宜，也很便携，可以针对特定的肌肉群进行训练或进行全身力量训练。阻力绳训练不需要占用很大空间，并且可以轻松适应几乎任何的训练。大多数阻力绳采用颜色编码，你可以选择最适合你健身水平的阻力。阻力绳被拉伸时提供阻力，因此它对于诸如卧推、深蹲、肱二头肌弯举和肩推等训练尤其有效。阻力绳的缺点在于，它可能破损并带来伤害。因此，如果你看到任何磨损迹象，务必要检查绳体中是否有孔或磨损的地方并更换器械。训练时，确保阻力绳紧固在脚下（用阻力绳训练时穿运动鞋），或锚定到一个安全的表面。

悬吊训练器

悬吊训练是健身行业相对较新的一种训练方式。它极大地有助于个体在闭链运动中增加肌肉力量和耐力。虽然使用悬吊训练器（甚至自由重量训练器材）进行负重训练的概念可以追溯到罗马帝国时期，但今天的选择远没有那么原始，并且更容易融入力量训练日程中。

TRX悬吊训练器是一个系带系统，带有一个由钩环连接的锚点，它用于闭链运动。该系统帮助你最大化地调动核心肌肉，在每次训练中，你必须保持身体稳定。悬吊训练器有脚架和手柄，可以让你的双脚离地进行各种独特的训练，比如俯卧撑以及使用脊椎和相邻核心肌肉进行训练的仰卧起坐。因为脚或手通常由单个支点支撑，而身体的另一端与地面接触，所以训练非常具有挑战性。体重与重力平衡，并通过向量（角度）、混合支撑或灵活性来加载到身体上，目的在于通过一系列阻力来训练力量、耐力、柔韧性、运动范围、核心力量和协调性。该器械可让你专注于特定身体部位、肌肉群和运动平面。这种独特的概念允许在无支撑且（通常）不稳定的运动环境中增强体力，同时还可加强腿部、臀部、手臂和核心部位的肌肉平衡。

壶铃

源于苏联的壶铃在美国现代力量训练中大放异彩。壶铃类似于带手柄的炮弹，有不同的负荷可供选择，可同时用于传统的力量训练和非传统的抓举训练。

鉴于壶铃的形状和举起它们的方式，壶铃是一种独特的训练工具。由于它们的形状，它们比传统的哑铃更加轻巧，而且其运动轨迹被设计为摆动，而非简单地举起。摆动引入了加速和减速元素，这对于资深锻炼者而言非常重要，特别是如果你正在为多种类型的运动目标而训练。学习进行加速可在力量训练中促进爆发力。通过减速可以控制运动，这有助于降低运动损伤的风险，因为它教你如何控制负重。重要的是要意识到，相比典型的自由重量和器械训练技术，加速和减速训练技术更有可能引发延迟性肌肉酸痛。如果实施了正确的技术，壶铃训练可促进爆发力。爆发力，体能的5个次要组成部分之一，可以提升肌肉力量和运动速度以及发展Ⅱ型肌纤维。

平衡训练和器械

运动对于维持日常活动发挥着重要作用，而高效的运动需要动作平衡，也称作姿态排列。平衡是核心力量和稳定性的一个组成部分，并且常常伴随着与核心训练相匹配的训练和健身规划。通常，在做平衡练习时，你还要进行核心训练。平衡训练可以使用器械，也可以只依靠姿势变化来进行训练。例如，双脚分开至大于髋宽，可以增加你的身体重心和支撑面。开脚站姿可以提高稳定性，从而提高平衡能力，并且可用于把控较重的负荷。缩小双脚间距会降低重心，缩小身体的支持面积。例如，在箭步蹲或深蹲期间，如果训练太难，可以通过扩大双脚间距来降低强度。这些是锻炼计划中操纵平衡感的简单例子，但它们体现了重要的原则。

以下各节描述了各种平衡器械选择。

BOSU球

BOSU球（两面均可利用）平衡训练球是一款在各种力量训练中挑战核心稳定性和动态平衡的健身器材。这种训练也是功能训练的其中一个方面，因为重点在于综合运动、平衡和身体认知。在自由重量或负重训练中结合使用BOSU球，对人的头脑和肌肉都是一种考验，因为你要对这些特殊的运动挑战做出反应。

本书中包含的许多训练在BOSU球上要比在地面上更容易进行。站在BOSU球上时，试着将脚放在圆顶的中心，踏上和离开BOSU球时要小心。在BOSU球上保持站姿或跪姿都将配合你正在训练的肌肉，挑战你的核心稳定性。BOSU球训练涉及躺卧、站立、跪坐，甚至横卧在BOSU球上。站在BOSU球上可以完成深蹲、肱二头肌弯举、肩推和提举。许多这类锻炼也可以跪姿完成。可以躺在BOSU球上完成仰卧起坐或保持V字形坐姿。在BOSU球上时你也可以手持一个健身球并将其递给另一人。

瑞士球

瑞士球如今在所有健身房中颇受欢迎，你可以在地面或长凳上用它进行锻炼。在用瑞士球进行锻炼时，你需要控制身体以保持稳定，因为瑞士球提供了一个动态的环境。为了确保训练过程中不会从球上掉下来，你的身体要做一些微调整，这就对身体核心构成考验。瑞士球有两种常见尺寸：55厘米和65厘米。要确定一个球的大小是否与你的身高相匹配，你可以坐在球的顶部，脚放在地上，膝关节屈曲。

如果在此坐姿下你的膝部比髋部高，球对你来说就太小。你的膝部应该与髋部同高——不高于或低于臀部。球的大小调整起来很容易。如果你有一个65厘米的球，它太大了，只需将里面的气体放出一些。高质量的球是抗爆的，这意味着如果被刺破，它们不会像气球那样爆开，但里面的气体会慢慢地出来。

泡沫轴

泡沫轴适用于旨在发展核心力量和稳定性的许多训练和保健操。同时，它还可以辅助拉伸、自我按摩、姿势调整和平衡训练。在第7章所述的核心训练中，有几项训练使用了泡沫轴。健身房中的大多数泡沫轴长约3英尺（1英尺为30.48厘米，余同），直径约12英寸。一些泡沫轴非常柔软，其他的质地比较硬；质地较硬的泡沫轴最适合用于自我按摩。

此外，TRX悬吊训练器可通过挑战你身体的稳定性、灵活性和力量来发展你的平衡能力。

健身蹦床

健身蹦床可以为你提供机会来将高强度、燃烧脂肪的心肺功能锻炼纳入你的力量训练中。蹦床运动是一种低强度的运动方式，你可以通过降低跳跃的深度，改变脚在蹦床上的位置或改变运动的强度，来适应你目前的健身水平。与跑步或跳绳等其他高强度有氧运动相比，蹦床运动对关节和背部更友好。虽然跑步和跳绳是很棒的有氧运动，应该纳入你的有氧锻炼计划中，蹦床可以作为替代方案来满足高强度跑步对关节的不断提升的需求。

健身蹦床与儿童游乐场的蹦床不一样；它的使用方法与传统的蹦床不同。迷你蹦床或健身蹦床的使用方式是，用双脚快速、爆发性地压入网床，而不是一味往高处跳。这种蹦床的压入称作"加以重负"。大多数人很享受蹦床这种极其容易便可提供的额外强度。

在力量训练期间，尝试使用蹦床间歇性进行跑步、高提膝慢跑、开合跳、越野滑雪、扭身和其他跳跃运动，以在锻炼期间燃烧更多的热量。尝试在10~15分钟的力量训练中做1~3分钟的蹦床运动，作为间歇性有氧锻炼。

现在，你了解了姿势、训练以及器械选择之间的关系——这三个部分都会影响你的整体锻炼。通过改善体态，你的核心力量会有明显的提升，因为你提升了以更好的姿势和技能进行力量训练的能力。增强核心力量使你能够以更有效的方式使用运动器械。如果你知道了如何通过各种锻炼姿势控制你的体态，你会注意到，你能够举起更大的重量，这将增加你的训练强度。进而会让你的训练更有效。更大的强度就意味着你将能够举起更重的重量、重复完成更多次训练或增加了你可以进行的运动组数。强度的增加也将使你更快达成你的目标——强壮、瘦、健壮和健康。

除了提升你的运动技能（使你锻炼起来更安全有效）之外，改善姿势将使你能够将大量器材和锻炼形式纳入你的力量训练计划，而不会有受伤的风险。这种多样化将使得你更享受你的训练。从长远来看，能够进行各种各样的锻炼对你来说也会更有益，因为它会降低你变得倦怠、停滞并最终产生厌倦情绪的风险。

第二部分

针对女性的力量
练习

第4章

热身和整理运动

力量训练计划有两个重要方面：热身和整理运动。热身可以给身体一些时间来适应即将到来的运动，而良好的热身可以使身体做好准备迎接强度更大的运动。热身运动可以加快血液流动、提高身体核心及肌肉温度、提高呼吸频率——这样就可以提高运动表现，达到健身效果。就像热身运动可以使身体为锻炼做好准备一样，有效的整理运动可以为身体提供恢复时间。整理运动始于锻炼的最后阶段，是一个锻炼强度逐渐降低的过程。整理运动可以让你从锻炼状态慢慢平复下来，就像热身运动能使身体轻松进入运动状态一样。

拉伸：是好还是坏

关于是否应该将拉伸作为热身运动的一部分，有一些争议。这个论点与肌肉产生力的能力有关。有些人认为，在热身时进行过量的拉伸会将肌肉弹性提升到一定的程度，而到达这一程度后，肌肉产生力的能力会下降。因此，在热身结束时进行一些节奏感强或关节活动范围（ROM）较大的拉伸可能会是一个不错的选择。热身运动会让核心体温大幅升高，此时肌肉和关节更容易接受短暂的拉伸。但是，不建议在体温升高之前进行拉伸。

整理运动后的常规拉伸可以增加身体的柔韧性和关节活动范围，这对于肌肉平衡、姿势以及使用第3章中讨论的相应技术进行练习的能力至关重要。然而，与广泛流行的说法不同，拉伸并不会降低延迟性肌肉酸痛的风险。

热身

在开始锻炼之前，必须热身。充分的热身可以让身体为即将到来的更加强烈的运动做好准备。这意味着热身应该是动态的、有节奏的，从而能够使肌肉更具柔韧性，不容易受伤。许多女性认为，她们需要在开始力量训练之前进行静态拉伸，但事实并非如此。其实，静态拉伸会适得其反，因为它会降低肌肉产生爆发力的能力。

充分的热身可以提高核心体温，增加心脏和肌肉的血流量，使身体预先排练将要进行的运动，并润滑膝关节。体内温度每升高一度，细胞代谢率就会增加约13%（Astran & Rodahl，2003）。随着体温的升高，神经肌肉的协调性会增加，疲劳感的出现会延迟，身体组织更不易受伤，身体受伤的可能性也会因此降低。美国运动协会（ACE）将热身运动带来的其他生理效益列举如下。

- 提高代谢率。在准备活动阶段，当体温开始升高时，代谢率会提高，同时内分泌系统开始分泌激素（皮质醇、胰岛素和肾上腺素），帮助身体为锻炼和各种活动做好准备。这样就提高了能量消耗速率。
- 提高血液和肌肉之间的氧气交换速率。作为热身的一部分，肺部将会更快地从红细胞中吸收氧气，这样会加速肌肉和血液之间的气体交换。另外，诸如二氧化碳和其他毒素等代谢废物也会以更快的速率置换为氧气。
- 增加肌肉的弹性和柔韧性。当体温升高时，流向身体的软组织（肌肉、肌腱和韧带）的血流量会增加，会让软组织变得更柔韧、更容易变换姿势。在锻炼的过程中，肌肉、肌腱和韧带对突然的位置变化会有更灵敏的反应，从而降低身体受伤的可能性。

充分的热身包括两个部分：普通热身和动态热身。普通热身的重点是提高关节润滑度、心率和核心体温。适当的活动通常会让身体对即将进行的锻炼和更大的活动量做好准备。而动态热身更有针对性。例如，如果你要开始一段3英里的跑步，你可能会从慢跑开始，将此作为针对跑步活动的热身运动。如果你要进行力量训练，动态热身可能会包含ROM活动。比如，当你准备做深蹲时，应该先做一些零负重的下蹲运动，重点放在深蹲时参与关节的ROM上（稍后，我们会介绍一些适合大多数力量练习的动态热身）。

进行普通热身运动时，应将核心体温提高到能够出汗的程度。排汗是衡量普通热身质量的一个很好的标准。使用跑步机、椭圆训练机、卧式健身车、踏步机以及散步、慢跑都可以促进排汗，该过程通常需要3~5分钟或更长的时间，具体取决于当时的物理环境，以及自身的健康或医疗状况。

一旦开始排汗，说明身体已经准备好进行第二部分的热身运动了，这部分的热身包括动态柔韧性练习和核心参与的练习。这些练习会继续增加核心体温，让你在身体上和精神上为即将进行的锻炼做好进一步的准备。动态柔韧性练习会促进核心的参与，增加肌肉长度，并提高ROM。记住，这些都是动态的动作，所以一旦开始练习，就要按照规定的顺序开始和结束每一个动作，同时保证一定的重复次数。建议进行3~5次下面提及的动态柔韧性训练，为锻炼做好准备。

侧向拉伸

双脚分开，与髋同宽，脚趾朝前，一侧手臂向上，指向天花板，另一侧手臂向下，指向同侧膝部的侧面（见下图）。吸气时拉伸，然后呼气，交换双臂重复此动作。左右两侧各拉伸3~5次。

脊柱伸展

双脚分开，与髋同宽，吸气的同时双手向上举，拉伸脊柱和肩部外侧（见图a）。双手握拳，放置于下背部作为支撑（见图b）。眼睛凝视远方，抬起下巴，打开喉咙，伸展颈椎和胸椎，通过上述动作拉伸脊柱（见图c）。呼气的同时恢复直立。重复上述动作2~3次。

站姿膝关节屈伸加踝关节背屈

直立，一侧膝部向上抬起靠近躯干，双手托住大腿，屈膝（见图a）。托住大腿，保持髋部处于中立位，伸展膝关节和腿部，脚趾向上（见图b）。在伸展膝关节时收缩四头肌，然后将腿拉回并绷紧脚尖（见图c）。两侧膝关节各屈伸3~5次。

4字站立

单腿站立，保持身体平衡，另一条腿抬起，置于支撑腿的大腿上，这个姿势看起来就像是坐在椅子上（见图a）。稍微伸展手臂以保持身体平衡，胸部缓慢向下靠近大腿（见图b）。胸部尽可能地向下，如果可以，让手指能碰地面。持续5~10秒，然后交换双腿重复此动作。

前弓步加侧蹲

从直立姿势开始，右腿向前迈出（见图a）。右脚全脚掌着地，屈曲膝关节，使右膝屈曲约90度，同时使左膝向地面屈曲（见图b）。右腿用力，使身体向上抬起（见图c），回到初始的直立姿势（见图d）。右腿立即向右迈出，拉大双脚之间的距离（见图e），身体重心下移，呈半蹲姿势（见图f）。右腿用力，使身体向上抬起，回到直立姿势（见图g）。双腿交替重复上述动作，总共进行5次前弓步加侧蹲练习。

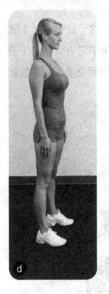

站姿猫牛式

从站立姿势开始，将双手置于大腿上，骨盆前倾（见图a）。打开胸部，双肩向下，让肩部远离耳朵。将腹壁向内拉及弓起脊柱，使骨盆后倾（见图b）。尾骨向后使背部呈反弓形，同时抬起下巴伸展颈部（见图c）。所有的动作都应该是无痛的，所以做颈椎运动时应小心。交替进行上述动作（见图b和图c），共进行3~5次。

站姿肩关节水平内收

双脚分开，与髋同宽，伸出一只手臂越过身体中线，微屈肘关节（见图a）。另一只手臂置于前一只手臂的肘关节处（见图b）。这个动作可以拉伸越过肩部前侧并通过中背部的三角肌中束、菱形肌和斜方肌下束。持续3~5秒，然后双臂交换。每只手臂重复2~3次。

坐姿瑞士球骨盆倾斜

坐在直径为55厘米或65厘米的瑞士球上，双脚着地，与髋同宽（见图a）。双手置于瑞士球的两侧，仅利用臀部力量，向前和向后移动（见图b和图c），重点是向前和向后倾斜骨盆。向前和向后为1次练习，共进行5次。

坐姿瑞士球臀部画圈

坐在直径为55厘米或65厘米的瑞士球上，双脚着地，与髋同宽（见图a）。双手置于瑞士球的两侧，仅利用臀部，向右移动一整圈，然后向左移动一整圈（见图b和图c）。向左和向右为1次练习，共进行3~5次。

药球抬膝

双脚分开站立，与髋同宽。紧绷躯干以稳定脊椎，双手持4磅的药球，高举过头顶（见图a）。将球降低到与胸部等高，同时一条腿屈膝抬起（见图b）。恢复至起始姿势，换另一条腿进行练习。两腿交替重复上述动作，每侧进行10~15次练习。

接球练习

双脚间距与髋同宽，身体略微下蹲。双手在胸前握住一个重量为4磅的药球，肘部向内靠近身体两侧（见图a）。身体向上，手臂高举过头顶，身体向一侧倾斜，呈接球的动作，另一侧的腿伸直，用脚趾着地（见图b）。恢复至稍微下蹲的姿势，换另一侧重复上述动作。每侧进行8~10次练习。

药球下蹲

站立，双脚间距宽于髋部，骨盆收缩，脊柱伸直。髋部和双脚向外打开，或者腿部保持伸直同时向外旋转（见图a）。膝关节屈曲，身体向下呈下蹲姿势，同时向上举药球至与胸部等高，保持手臂向前伸直（见图b）。恢复至起始姿势，臀部和大腿的内侧向内收。进行10~15次练习。

阻力带肩部旋转

这项拉伸旨在扩大肩关节的运动范围。双臂前伸，双手各握阻力带或阻力绳的一端并将其拉紧，保持与肩部等高、与手臂等宽（见图a）。手掌向下、手腕伸直，抬起手臂举过头顶（见图b），这时肩部会有拉伸的感觉。继续移动手臂，使其从背后向下（见图c）直至臀部，同时保持关节完全伸展。反向移动手臂，使阻力带或阻力绳回到起始位置。每个方向进行6~8次练习。

整理运动

整理运动与热身运动同样重要，但整理运动应该强度更低，以便帮助促进身体的恢复。整理运动虽然不像热身运动那样有特定的刺激性动作，但也非常必要，它可以让身体的生理机能恢复到锻炼前的状态。如果已经完成了快节奏的训练，就需要进行5~10分钟的慢节奏的运动，例如拉伸或低强度运动。在进行力量训练时，通常会在运动过程中以及从运动到恢复的间歇中进行整理运动。在力量训练期间，血压升高，心率上升，但在自然恢复的过程中，血压和心率会快速恢复至运动前的水平。不过，由于体温上升、关节润滑，在力量练习后进行拉伸会是一个不错的选择，身体会因此处于良好的生理状态，从而增加肌肉长度。

有一个通用的经验法则：活动越剧烈，体力消耗就越大，整理运动的节奏就应该越缓慢。因此，有氧运动后的整理运动是必不可少的。你只需进行30秒至1分钟强度递减的活动，直到完全停止运动。此时就是拉伸的最佳时间，因为此时身体温度在升高，但心率在下降。

整理运动做起来很简单，就像在跑步机上行走的同时进行小幅度的拉伸，或者是降低运动的强度同时加上拉伸的动作。不管怎样，不要跳过整理运动这一环节，因为回到运动前的状态对身体的恢复很重要。如果整理运动的时间不够长或不够充分，会导致身体没有得到恢复，就会持续出汗（可以将此作为一个指标）。当客户告诉我他们在淋浴后仍然不断出汗，我就知道他们的整理运动没有做到位。

整理运动可以帮助血液继续流动而不是滞留在四肢。当剧烈运动突然停止时，整理运动可以防止血压发生显著变化。整理运动还有助于去除肌肉中代谢产生的废物，使这些废物可以被身体其他组织的其他化学过程加以利用，或者以水（排汗）或二氧化碳（呼气）形式排出身体。

在力量训练和有氧运动之后，应该进行深度、持续的拉伸，因为温暖的肌肉组织比冷却的肌肉组织更容易进行拉伸。这也是为什么在锻炼结束时进行拉伸比在锻炼开始时进行拉伸更有益的原因。身体柔韧性被定义为关节达到正常ROM的能力。身体足够柔韧就可以防止受伤并保持正确的姿势和身体协调性。通过特定的身体柔韧性训练，肌肉、肌腱和韧带会通过延长和增加ROM来提高适应性。增加ROM的唯一方法是改变控制关节的肌肉和肌腱。对某些人来说，如果这些结构变得很紧绷，则会导致正常ROM的降低。以下是可以增加ROM、延长肌肉和结缔组织的三种类型的拉伸技术。

- 静态拉伸（包括被动态静态和动态静态）。
- 弹振拉伸。

● 本体感觉神经肌肉促进式拉伸（PNF拉伸）。

静态拉伸

静态拉伸指身体保持静态的、不移动位置的姿势10~30秒，将关节固定在使肌肉和结缔组织处于最大可能长度的位置。静态拉伸的最典型的特征为低力度、长时间的拉伸。这种技术已被证明可以增加身体的柔韧性，同时受伤的风险很小。在静态拉伸过程中，肌腹中被称为高尔基腱的部分会受到刺激，在刺激的作用下，这一部分会抑制整个肌肉群，减少肌肉紧张，从而使整个肌肉得到缓解。

被动态静态拉伸涉及进行持续的拉伸，通常会借助外力来辅助拉伸（如毛巾、手等其他身体部位或自身重量）。例如，当通过膝部向上来拉伸腘绳肌和腰背时，可以用手握住膝部，使之向上并靠近身体。因为用手握着腿部或膝盖，所以这种拉伸称为被动拉伸。如果只是利用自身的肌肉使膝关节屈曲并且向身体靠近来进行相同的拉伸，这种拉伸应该称为主动拉伸。

当进行被动静态的拉伸时，应该放松身体，并借助外部辅助工具（如手或毛巾）来使拉伸保持在适当位置。这是一种常见的拉伸方式，这种拉伸方式比较容易且相对舒适。被动态静态拉伸确实可以增加关节的ROM，但它的缺点是，对于需要动态移动的运动没有太大帮助。举例来说，如果身体运动达到了需要关节处的组织有一定柔韧性的活动范围（比如，进行胸部按压，并且能够达到一个大幅的、完整的ROM，是因为肩关节处的组织有足够的柔韧性和稳定性来实现这个动作），此时实际上已经在主动地增加ROM。这是增加ROM的一种功能性的方法。

尽管许多人相信关节处于被动的ROM可以降低受伤风险，但目前还没有哪项研究支持此观点。这里所说的柔韧性是特定于关节和活动的柔韧性，以减少受伤的风险，同时还要匹配目前的力量水平，以确保足够的稳定性。然而，你的静态拉伸的能力是预测你的受伤风险的一个良好指标，因为它表明了你在没有帮助的情况下，在运动或日常活动中进行主动增加ROM活动的能力，也就是我们通常移动身体的能力（运动功能）。

动态静态拉伸不涉及来自毛巾、重力或其他外物的辅助。在动态静态拉伸中，一个身体部位的主动拉伸可以通过另一个部位来实现。辅助动态静态拉伸的外力通常是对侧的肌肉群或四肢。例如，为了改善腘绳肌的长度和功能，你需要收缩股四头肌，拉长膝关节，并保持腿部伸展姿势3~5秒，然后重复此动作3~5次。至于使用相同动作的动态静态拉伸，可以通过使用股四头肌来拉伸膝关节，从而使肌腱变长，但不需要用手来支撑腿。

动态静态拉伸在体育运动和一些健身活动（如瑜伽和普拉提）中非常常见，但相对于被动态静态拉伸，动态静态拉伸需要更多的努力和付出。它们对于改善现实生活中诸多动态动作的功能和增加关节稳定性都非常有帮助。

弹振拉伸

一般来说，人们不会利用弹振拉伸来增加肌肉长度。弹振拉伸包括可以引起牵张反射的有节奏的摇摆或跳跃运动，而这种牵张反射实际上会引起一种反收缩，而这种收缩会与拉伸运动的预期结果相冲突（你可能还记得很久以前在体育课上做过的弹振拉伸）。弹振拉伸动作实际上有导致肌肉受伤的风险。肌肉牵张反射是由位于肌肉细胞内的肌肉纺锤来控制的。这些都是由感觉神经传播的无意识反应。当激发这种反应时，可能引起肌肉收缩，导致肌肉紧张，而不是肌肉放松，这与静态拉伸的意图相违背。

弹振拉伸应该讲究时间和地点。如果你是一名田径运动员，而且你参加的比赛涉及障碍赛或跨栏，那么你应该练习特定运动范围内的弹振拉伸，这些拉伸可以帮助你适应这些运动。在这些（或其他）情况下，弹振拉伸会帮助你安全有效地进行这些活动，但只有当体温升高时，才能执行这些活动。

不要把弹振拉伸与动态静态拉伸混淆。动态静态拉伸是受控的和谨慎进行的，而弹振拉伸是急促的、不受约束的。动态静态拉伸的时间为6~10秒，虽然可能会涉及一点点移动的运动，使它们看起来像是弹振拉伸，但实际上更多的是控制，而不是反弹。大多数拉伸活动不需要跳跃或突然的动作，因为这些动作可能会损伤结缔组织并刺激牵张反射。

PNF 拉伸

本体感觉神经肌肉促进式（PNF）拉伸是一种从康复（如物理治疗）中获得的技术，私人教练经常一对一地对客户采用这种训练方式。PNF拉伸先是最大限度地收缩肌肉至产生抗阻力，然后再被动地拉伸肌肉。研究发现，PNF拉伸对于增加关节的被动ROM非常有效，但并不总是管用，因为做这种运动通常需要伙伴的帮助。

下面提及的整理拉伸包括两种静态拉伸（被动的和动态的）。在锻炼开始前和锻炼结束后进行拉伸都是不错的主意，特别是上半身伸展和刚刚活动过的身体部位的拉伸。这样，当需要进行整理式拉伸的时候，你就能专注于全身伸展，释放主要肌肉群的张力。

全身拉伸

仰躺在运动垫上。深吸一口气，伸展双臂和双腿，就像有人在轻轻地同时将你的脚踝和手腕拉离你的身体（见下图）。尽量伸展你的胳膊和腿。呼气，使肌肉放松。重复此动作3次（吸气时伸展，呼气时放松）。

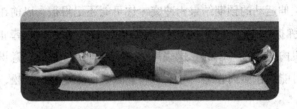

臀桥

仰卧在运动垫上，双脚分开，与髋部同宽，膝关节屈曲，将双手向着身体两侧伸开，和身体成一定角度（见图a）。从脊柱底部开始，每次向上抬起一段脊椎，如图b所示，直到骨盆抬高，脊柱升起，从肩部到膝部成一条直线（见图c）。在开始放松的时候，注意弯曲下背部，每次使一段脊椎向下接触运动垫。当胸部向上扩展时吸气，胸部向下降的时候呼气。重复此动作8~10次。

下背部拉伸

仰卧在运动垫上，双膝收于胸前，用手分开双腿，并抓住大腿后侧（见图a）。呼气时，将膝部向肩部拉近，使臀部离开地面（见图b）；吸气时放松身体。重复整个动作3~5次。

腘绳肌拉伸

仰卧在运动垫上，膝关节屈曲。右脚牢牢地贴在地上，左膝伸展，使腿部向天花板抬高（见图a）。双手在左侧大腿后侧握住，轻轻地将左腿拉向身体（见图b）。如有必要，可以用一条毛巾来固定左腿伸展的位置。尽量让左膝伸直。保持此动作20~30秒，然后换另一条腿进行练习。每侧腿进行3~5次练习。

脊柱扭转

仰面躺在运动垫上，膝关节屈曲，双脚稳稳踩在地面上。双臂向身体两侧伸展，身体呈T形，手掌与肩部齐平、手心向下（见图a）。双膝向一侧倒下，头部转向另一侧（见图b）。一侧髋关节抬高的同时尝试保持肩部贴近地面。保持此动作20~30秒，然后换另一侧。当更换方向时，收紧腹部肌肉并支起脊椎。每一侧重复此动作3~5次。

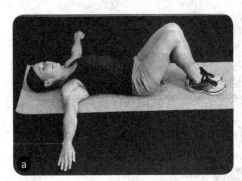 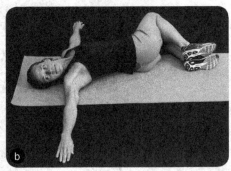

猫牛式

模仿四足动物的姿势：双膝跪地，双手伏地并处于肩部正下方，五指向前伸开，双膝触地并使之处于髋部正下方（见图a）。背部向着天花板方向圆起，将腹部肌肉拉向脊柱，同时呼气（见图b）。将头抬起，背部向下拉，使脊柱反向弯曲，从而使胸部和喉咙打开，同时吸气（见图c）。在每个脊柱位置各重复此动作3次。

婴儿式

双膝跪地，臀部向下坐在脚后跟上（见图a），手臂向前伸展。使头部位于两肘之间，额头放在垫子上，放松（见图b）。你会感觉到肩部、侧面和腰背得到很好的拉伸，保持此动作20~30秒。重复此动作6~8次。

下犬式

双膝跪地，大腿垂直于地面，脚跟向下压使趾骨球着地（见图a）。当双脚分开与髋部同宽时，完全伸直手臂，髋部向上和向后伸展，就像是用力把髋部压在身后的墙上（见图b）。通过脊椎保持身体长度，头部下降至双臂的肱二头肌之间，保持此姿势20~30秒。重复此动作6~8次或者你喜欢的任意次数。

前屈

从站立位开始，身体从髋部开始向前折叠（见下图）。手不必触及脚趾。如果手够不到脚趾，则只需伸向地面，把双手放在脚踝或小腿处。尝试从双腿之间看向身后的墙壁，同时放松身体。放松头部和颈部，使其自然伸展。保持该姿势5~8秒。

前屈扭转

从向前弯曲的姿势开始，将左手放在右脚或右脚踝外侧（见图a）。右臂向上伸向天花板，扭动躯干（就像是在拧紧一块湿布），使两手腕成一直线（见图b）。眼睛看向指向天花板的手，尽可能凝视。每侧重复此动作3~5次，每次坚持5~10秒，然后换另一侧。

泡沫轴脊柱对齐

使用泡沫轴，面朝上躺下，双脚分开与髋同宽，用泡沫轴支撑头部和颈部（见下图）。放松身体，使脊椎的重量全部压在滚筒上。双脚固定，双手放在身体两侧，放松身体。如果想要使滚筒更稳定，可以增加手臂张开的幅度，用双手来增加稳定程度。深呼吸。

泡沫轴肩部拉伸

在泡沫轴上放松身体，然后保持身体位于滚筒上方，脸朝上，移动肩部，让手臂以一个弧形到达头部上方，使肩部完成一个完整的ROM（见图a和图b）。在整个ROM过程中，双手尽量多地与地面接触。这个动作看起来像是在用手臂和手围绕身体周边画一个大圆圈。做这个ROM动作时，要注意肩部移动和运动量的增加。练习30~90秒。放松身体，然后休息。

如果跳过热身运动直接开始锻炼，可能会导致肌肉紧张或受伤。此外，从生理角度讲，这也不是开始锻炼的最佳方式。但是请记住：不能过于关注热身运动而造成不必要的疲劳，使身体锻炼的能力下降。另外，完成锻炼后适当地做一些整理运动，特别是在进行高强度的锻炼之后，可以逐渐降低肌肉的温度。

第5章

上半身练习

上半身的力量训练针对的是位于上半身的大肌肉群，如胸部、背部、肩部和手臂。上半身力量训练能够增加肌肉的柔韧性、改善肩部和手臂的运动表现、降低受伤风险，特别是肩部和腰背部。

上半身力量是上下半身肌肉平衡的关键。许多女性都忽视了上半身（包括胸部、背部、肩部和手臂）的锻炼，而是专注练习臀腿部。这样做或许是为了让粗壮的大腿"变细"。但是请记住，对于减肥和增加力量而言，局部瘦身不是很有效。事实上，塑形的最好方法是增加全身的肌肉量。大多数女性都可以通过同时增加上半身和下半身的肌肉量，让整体形象得到很大的改善，这是因为让上半身有更多的肌肉量（更强健的手臂和肩部）可以平衡下半身（强壮的腿和大腿）的外观。

上半身没有力量，就容易出现体态问题，从而损害健康，甚至会影响人的外表形象。随着年龄的增长，这种影响会越来越明显。自然衰老的过程就是肌肉减少（萎缩）、脂肪增加的过程。通过进行上半身力量训练，女性可以减少肌肉流失，以维持（甚至增加）上半身的肌肉量，从而改善身体的整体力量和外观。正如在第3章所讨论的，这对保持强健的脊柱以及正确的直立姿势也很重要。

肩部、胸部和背部没有力量会导致不良体态的出现，并带来骨质疏松症的严重后果。脊柱中骨密度的降低会造成背部弓起，也称为驼背。驼背是指胸椎（中背部）向外形成一个夸张的曲线，以及圆肩、凹陷的胸部以及头朝前伸导致的颈部过度伸展。为了避免脊柱变形和不良体态的出现，在增强肌肉平衡的同时，首要任务是上半身的力量训练。

上半身的解剖学知识

根据关节的功能，上半身区域（胸部、背部、肩部和手臂）可进一步分为不同的肌肉群。如果不了解肩关节，就很难讲明白上半身区域的肌肉，所以我们先来介绍一下肩关节。因为上半身大部分肌肉都与肩关节有一定的联系，所以了解肩关节很重要。

肩关节

肩关节是全身最灵活的关节之一，因为肩部周围的肌肉和关节可以使它进行大范围的活动。虽然肩关节很灵活，但也有较高的受伤风险。因此，三角肌、后背部及手臂上的肌肉具有良好的柔韧性和力量，对于防止肩关节受伤很重要。

肩关节由3块骨头组成：锁骨、肩胛骨和肱骨（上臂骨），另外，还有包绕在周围的肌肉、韧带和肌腱。当谈论肩部时，我们会将它作为一个综合结构去看待，也就是肩部复合体，但它实际上被归类为一种关节类型——肩关节，即球窝关节，也叫作盂肱关节。这个关节包括肱骨的顶部，也就是嵌入上肢带骨的上臂顶部的圆球形骨头。在背部随着肩关节移动的骨头叫作肩胛骨。它是一个半扁的勺形盘状骨头，上面有一个球形突起。该结构允许最大幅度地旋转上臂和肩部。然而，这个关节需要一些肌肉和肌腱才能发挥作用。

肩关节必须足够灵活，以适应手臂和手的各种动作，同时肩关节需要足够稳定，以便完成一些身体动作，如举、推、拉等。由于同时需要灵活性和稳定性，使得肩关节与其他关节（如髋关节）有所不同，肩关节更容易出现受伤风险。肩关节要高度灵活但又要不失稳定，而髋关节因为活动范围较少，所以相对稳定。髋关节稳定性的不利之处在于关节活动范围非常有限，这可能导致关节处肌肉和肌腱的僵硬紧张。基于这一点，让我们来仔细看看肩关节运动所涉及的肌肉。

肩袖（也成为旋转肌群）肌肉主要负责肩关节稳定，并允许它执行内旋、外旋动作。这个肌群包括冈上肌、冈下肌、小圆肌、肩胛下肌、三角肌和大圆肌。在这6块肌肉共同作用下，形成了肩关节。为了不偏离中心，我们只探究前4块肌肉。如图5.1所示。

冈上肌位于三角肌中束之下，可以协助肩部外展（将手臂从身体两侧抬起）。当你屈曲肘关节，张开你的手掌，让你的手臂离开你的身体的时候，冈下肌和小圆肌会辅助外旋。肩胛下肌负责内部旋转，例如肘关节屈曲时将手拉向腹部。冈下肌是唯一外部可见的肩袖肌。它看起来像一个三角形，背面是三角肌。小圆肌位于大圆肌上方，但在视觉上，它与冈下肌并无不同。事实上，小圆肌和冈下肌看起来都是一样的。

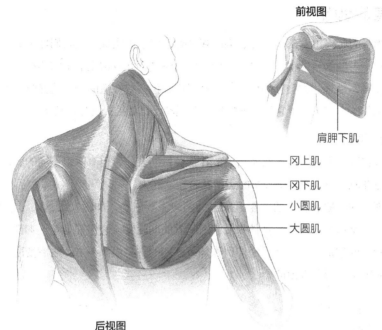

前视图

肩胛下肌

冈上肌

冈下肌

小圆肌

大圆肌

后视图

图5.1 肩袖肌的肌肉结构

内旋和外旋是很重要的关节活动，对于许多需要投掷的动作来说至关重要。事实上，任何用到肩部的动作，包括日常生活中的功能活动，都涉及使用肩关节和肩袖肌群。然而，在力量训练中，肩袖肌群经常被忽略。那些规律健身的人们有一种自然的倾向，那就是做一些肩关节内旋的动作，比如用于发展胸部和背部肌肉的动作。背阔肌和大圆肌参与的运动需要肩胛下肌内旋。例如，在进行高位滑轮下拉时，肩关节运动就会涉及背阔肌和大圆肌。当这些肌肉作为一个强大有力的整体共同发挥作用时，就可能压制住力量较小的肩袖肌肉群的发展，从而导致内外旋动作之间的不平衡。除了涉及三角肌中束、后束的运动外，肩关节回旋肌需要孤立地加以练习，或者通过肩关节参与的其他运动进行训练。正是由于这个原因，仅进行一两个动作的练习往往是不够的，应该针对特定关节进行涉及所有这些肌肉的练习和动作，否则就会出现各部分发展不平衡的现象。

上半身力量训练过程中涉及的另一个关节是肩胛胸壁关节（是肩关节的组成部分）。在背部有一块与肩关节一同移动的骨头，即肩胛骨。肩胛骨位于后背上，因为人体有两个肩部，所以有两块肩胛骨。肩胛胸壁关节是两块肩胛骨与胸腔后部相连的地方。肩胛骨相当于人类的翅膀，当你向两侧抬起双臂（肩关节外展）或将双臂拉回身侧（肩关节内收）的时候，肩胛骨会分别向内或向外旋转。

上半身的肌肉

上半身的肌肉由背部、肩部、胸部和手臂上的肌肉组成。让我们仔细看看它们的位置、他们参与的身体动作，以及它们如何影响我们在日常生活中的移动和动作的能力。请注意，尽管我们会分别讨论每一种肌肉，但需要知道的是，这些肌肉是一起工作的，工作的方式取决于它们在做哪种关节运动（比如推、支撑或拉）。

胸部和三角肌

尽管在进行上肢手臂运动时肩关节各部会协同合作，但有两组不同的肌肉（胸部肌群和三角肌）也会影响肩关节的运动及其运动能力。

胸部 胸大肌和胸小肌是组成胸部的两块主要肌肉。如图5.2所示。这些肌肉的起点位于三个地方：锁骨、胸骨和最靠近胸骨的肋软骨。它们都是起于胸部中央（锁骨和胸骨）的扇形肌肉，然后延伸到胸部每一侧的乳房组织下方，然后变薄，通过肱二头肌肌腱连接到肱骨顶部。

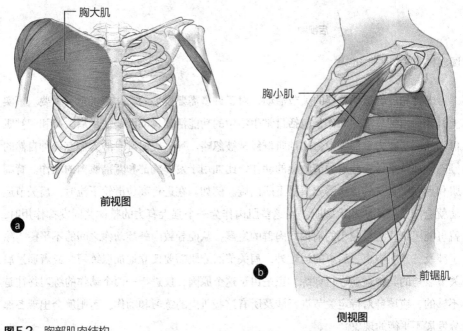

图5.2 胸部肌肉结构

胸小肌位于胸大肌下方。它是一种很薄的三角形肌肉，不容易被看到。胸小肌和前锯肌一起被称为"被遗忘的肌肉"。位于胸腔旁的前锯肌，只有在身体最精瘦、肌肉最发达的人身上才能看得见。过于紧绷的胸小肌会把肩关节向前拉，形成一个圆肩的样子，因此导致姿势不佳。

要训练这些肌肉，不必将它们孤立训练，因为它们参与了大多数的胸部运动。胸小肌在很大程度上与上拉动作有关，而前锯肌在肩胛骨向上和向外旋转（外旋）的过程中发挥作用，比如站姿划船。胸大肌和胸小肌的肌肉纤维都附着在肱骨上。从胸肌下部出发的肌肉纤维附着在肱骨上部较高的点上，而从上胸部出发的肌肉纤维则附着在肱骨的较低的点上。这种结构使得胸部肌肉会根据肱骨位置的变化而收缩。了解胸肌之间如何相互作用有助于你选择合适的动作来刺激胸肌的发展。

胸部的主要关节运动是水平内收运动。水平内收是指上臂移动到躯干前方、向内或以不同角度穿过身体中线的过程，例如胸推或飞鸟动作。有很多不同的胸部训练动作可以锻炼胸部，可以使用的设备包括哑铃、拉力器或者自身体重等，同时，在训练中改变身体和关节的角度（我们还将开发利用其他器械进行训练，比如瑞士球、阻力绳、悬吊训练器和BOSU球等）。

许多力量训练教练将胸部肌肉分为上、中、下三部分。不过，如果根据这些肌肉的起点（它们开始的地方）和止点（它们附着在哪里）来研究胸部肌肉的纤维排列，你可能会对区分它们的方法有不同的看法。一些举重运动员认为，必须以上、中、下的方式来区分和锻炼胸部，让胸部肌肉更好的发展，这种看法并不完全正确。尽管在向上倾斜的板凳上进行胸推练习会募集更多上胸部的肌肉纤维，在向下倾斜的板凳上进行胸推练习会募集更多的下胸部纤维这一说法是正确的，但不管采用哪种身体姿势，大部分胸部肌肉纤维都是协同作用的。

虽然在本书开篇和附录中提到过，运动选择的多样性对于锻炼不同的肌肉纤维很重要，但胸肌群是交织在一起的。正因为这样，大多数的胸部锻炼都会涉及胸部大部分的肌肉纤维。所以，不要太介意应该重点训练上、中、下哪部分的肌肉才能获得最佳发展。无论你选择哪种练习，都会用到组成胸部的所有肌肉纤维。

三角肌　三角肌位于肩部，由三块独立的肌肉组成，如图5.3所示。三角肌前束和三角肌中束分别位于肩部的前部和上部，共同构成三角肌群的一部分。这些肌肉环绕在肩关节顶部，主要负责肩关节的活动。三角肌前束起于锁骨的外三分之一处，而上胸部肌群起于锁骨另外的三分之二处，这就是为什么胸部锻炼通常会调动三角肌前束的原因。三角肌中束起于肩峰点（简称肩峰），该部位位于肩部的顶端，为三角肌中束提供了一个附着点，以便于与其他部分汇集到一起，连接到肱二头肌下方的肱骨。三角肌的另一组成部分是三角肌后束，它由肩部后面的肌群组成，附着在肩胛骨上部三分之一处的脊柱上。

肩部可以让手臂离开身体，在此过程中，每一部分肌群的作用都与其他肌肉不同。三角肌前束能将双臂举到身体前方，这种关节活动叫作肩关节屈曲。三角肌中束负责处理几乎所有的手臂越过头顶的运动（如过顶推举、站姿划船）。三角肌中束不仅可以抬高手臂越过头顶，还可以跟三角肌后束一起在体侧抬起手臂，这种关节活动称为肩外展。冈上肌是位于三角肌下面的四组肩袖肌之一，可以协助肩外展的动作。三角肌后束可将手臂在身后向背部抬起，这种关节动作称为肩关节伸展。因为这块肌肉起于斜方肌上束和中束末端的纤维处，许多与三角肌后束相关的动作都与那些参与水平拉动作的斜方肌和其他肩胛肌有关，比如划船运动。

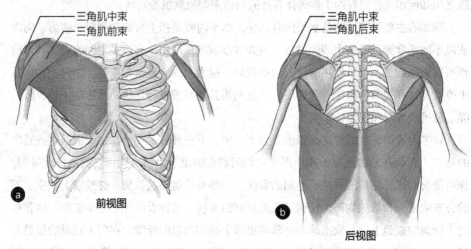

图5.3　三角肌的肌肉结构

背部肌肉

　　背部肌群可以为整个身体提供支撑，还可以促进脊柱、肩部和颈部（脖子）的运动。请参阅第70页的图5.4。虽然脊椎与几组肌肉相邻，但我们关注的是本章中提及的几种浅层肌肉。当在第7章讨论核心肌肉时，我们会介绍核心肌肉的组成部分，并进一步探讨更深层的脊柱肌肉和腹壁肌群。

　　上背部肌肉被称为斜方肌。这一大块肌肉起于颅骨底部，并随着颈椎和胸椎延伸（颈椎形成颈部，胸椎形成与肋骨相连的脊柱）。斜方肌的纤维从颅底纵向延伸到锁骨后面，附着在肩胛骨的刺脊上。斜方肌是背部肌肉的一种，它可以将肩胛骨移动到一起，还可将肩部向下拉并撑起手臂。这块肌肉大而宽，它实际上支撑着上背部脊柱的两侧。

　　由于斜方肌的肌纤维向三个方向伸展，它们有三个功能。最上面的肌纤维，称为斜方肌上束，主要负责耸肩动作。一种被称为肩胛提肌的小肌肉可以协助完成这种耸肩动作，它位于背部肩胛骨的正下方。如果斜方肌很发达（比如摔跤选手和美式足球运动员的斜方肌），颈部就会变短甚至消失，这不管对男性还是女性而言，都不是一种吸引人的外观。斜方肌中束（由下文提到的菱形肌辅助）负责将肩胛骨拉向脊柱，这个关节动作称为肩胛收缩。肩胛收缩是维持良好姿势和安全提举的重要动作。斜方肌下束也可以菱形肌一起向下拉动肩胛骨，比如垂直拉伸运动中的引体向上和高位滑轮下拉。

藏在斜方肌中束之下的就是菱形肌。这块肌肉起始于胸椎，向斜下方延伸。它们正好位于两块肩胛骨之间，可以帮助斜方肌将肩胛骨拉在一起（肩胛骨的回缩）。强壮的斜方肌和菱形肌是水平拉伸练习的关键，对于平衡胸部和背部力量至关重要。这两个肌肉群的不平衡可能会导致严重的肩部问题和不良体态，还会引发力量训练时及日常生活中不必要的疼痛。

背阔肌是背部大块的扇形肌肉，从脊柱下部开始，横向延伸到整个背部，然后附着在手臂上。从大小来看，背阔肌肯定是身体最大的肌肉。背阔肌的肌纤维起于脊柱下半部的脊椎，沿着髂嵴后部以及最下面的三根肋骨前行，然后它们的肌纤维汇集在一起附着在肱骨上，形成了腋窝的后部。

背阔肌是非常忙碌的肌肉，因为它扮演着很多角色，帮助肩关节完成伸、外展、水平外展、内收和内旋动作。简而言之，背阔肌帮助手臂向下、向身体方向内收。它们也发挥着协同作用，因为它们可以协助脊柱侧屈。背阔肌的一切行为都有大圆肌的协助。大圆肌是起始于肩胛骨并附着在肱骨上的小块肌肉，正好位于背阔肌的上方。因为背阔肌是上半身后面最大的肌肉群，所以强化背阔肌会对背部的功能特性和美观产生很大的良性影响。

腰背部肌肉由两组肌肉组成，统称为竖脊肌。大多数举起重物的运动都会用到这些肌肉。竖脊肌由髂肋肌、最长肌和棘肌组成。它们纵列于整个脊柱两侧，一直延伸到颈部，是人体最长的肌肉群，具有稳定脊柱的重要作用。这个肌肉群特别重要，因为它需要承载和负载身体的重量。

从侧面观察你的身体，如果你是站着的，从耳朵到肩部画一条直线，让这条线向下延伸到髋部，然后向下到外侧脚踝，那么此时你处于一个自然的、适当的姿势——脊柱伸展姿势。当脊柱弯曲（前弯）时，这些肌肉会帮助身体恢复到直立的姿势，即脊柱伸展姿势。这些肌肉也可以通过使脊柱过度伸展来平衡脊柱弯曲和伸展。脊柱过度伸展仅表现为背部弓起或者向后倾斜，这在日常生活中经常发生，通常不会产生负面影响。

在发育良好的身体中，竖脊肌看起来像是沿着脊背一直延伸到背部的脊状突起。拥有发达的竖脊肌非常重要，因为这些肌肉会在力量训练（如提举、深蹲和俯身划船）中努力地支撑腰背部，我们将在第6章中探讨硬拉和深蹲，在本章中我们会探讨俯身划船。

当脊柱侧弯（侧屈）或扭转时，腰方肌（QL）也会辅助竖脊肌。这些肌肉的每一组都位于竖脊肌下方，它们起始于骨盆顶部，插入下腰椎，附着在底部肋骨上。当竖脊肌的下部纤维较弱时，腰方肌就会松弛。因此，通常会引起腰背部疼痛（特别是长时间坐在计算机前或驾驶，又或者过度使用腰部支撑物，如枕头或安全带）。不幸的是，长时间坐着会使这些肌肉处于持续收缩状态，导致肌肉疲劳，从而导致这些肌肉的血液流量减少，以及肌肉和筋膜粘连。这些体积较小的肌肉，看起来似乎并不重要，但它们对于维持脊柱的完整性和稳定性非常重要。所有支撑脊柱的肌肉（核心肌肉以及许多较大的、浅层的肌肉，例如背阔肌和斜方肌），都应该进行力量和耐力练习，因为它们的作用并不总是移动脊柱，而是要支撑脊柱力量薄弱的地方，并保持结构的完整性。

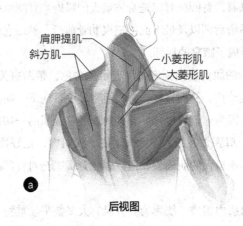

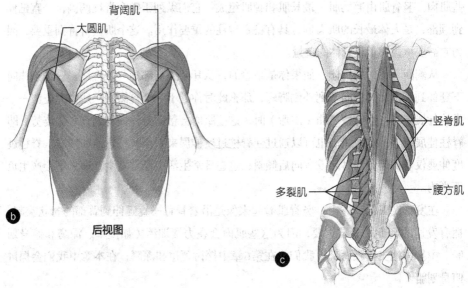

图5.4 背部肌肉结构

手臂肌肉

手臂上的肌肉与肩部、肘部、手腕的关节活动有关。如前所述，肩关节是一个非常复杂的关节，涉及多块肌肉。肘关节的作用很容易理解：用于弯曲和伸展手臂。然而，由于存在被称为桡骨的长骨和形成桡尺关节的尺骨，前臂肌群要更复杂一点。如第72页的图5.5所示。

前臂包含两组肌肉（屈肌和伸肌），作用是帮助弯曲和伸展手指与肱二头肌；屈肌位于手掌一侧，伸肌位于前臂的一侧。前臂肌肉与肱二头肌一起，可以将手向上翻转（这种关节活动称为旋后），也可以将手向下翻转（称为旋前）。前臂屈肌还可以将手腕向前拉或将手向下拉。前臂伸肌可以将手腕拉回来。这些肌肉虽然很小，但很重要，特别是在和背部肌群及二头肌群一起作用的时候。他们能提供强大的抓力，对大多数背部和二头肌运动都需要的所有卷曲和拉伸动作至关重要。这些肌肉可以通过锻炼得到加强，但在举重、抓握、拉动手柄和力量训练过程中，它们可以得到相当多的训练。

在肘关节的屈曲和伸展时起作用的两块肌肉是肱二头肌和肱三头肌。肱二头肌实际上是两块肌肉，其名称里的"二"指的是它有两个头。肱二头肌长头和短头的起始点都是肩胛骨，但起始点的位置不同。在附着点上，它们有一个共同的肌腱穿过肘关节并附着在桡骨上。肱二头肌也称为三节肌，因为它穿过了三个关节：肩关节、肘关节和桡尺关节。

肱二头肌长头肌可以帮助三角肌前束和胸肌（最上层的纤维）在身前抬起手臂。肱二头肌短头肌主要与肱二头肌最重要的一个功能有关：旋臂向上。虽然前臂有一个专门用于翻转手腕的肌肉——旋后肌，但这个动作主要依靠肱二头肌来完成，特别是在负重较大的时候。

肱二头肌和肱骨之间是肱肌，肱肌是附着在尺骨上的厚厚的肌肉组织。这块肌肉的主要作用是当手处于身体中线（手心朝向身体的一侧）或者手掌前旋（手心朝后）时，协助肱二头肌进行肘关节屈曲的动作。肱肌也有一个辅助结构——肱桡肌。这块肌肉是前臂肌，起于靠近肘部的一端并附着在手腕处。它在肘关节屈曲时发挥重要作用。

哪些肌肉在起作用，取决于手的位置（旋前、旋后或中立），了解这一点很重要。抓握可以帮助了解这些肌肉在协同工作中发挥的不同作用。当通过旋后或从下向上抓握（手心朝上）练习二头肌的时候，肱二头肌起到主要的作用。当抓握变成中立位置（手心朝里，也称为榔头式），肱二头肌和肱肌会在抬举手臂过程中有更多发挥作用的机会。即使是从中立位开始二头肌卷曲然后手向外翻（旋后），也可以改变使用肌肉纤维的方式。

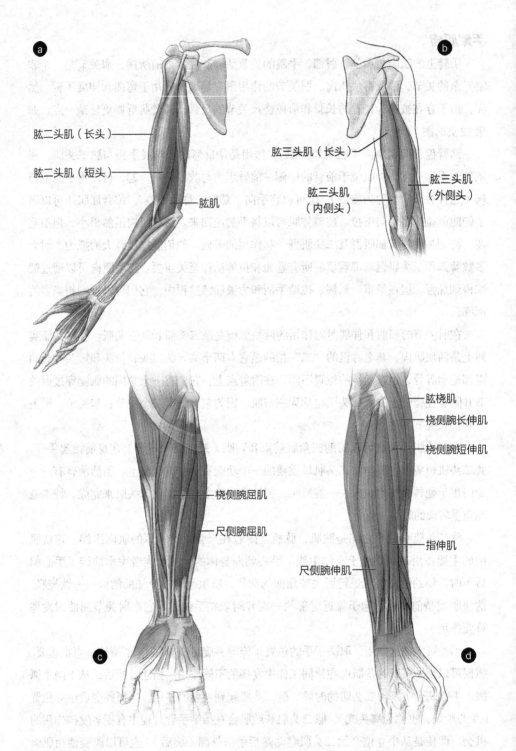

肱二头肌（长头）

肱二头肌（短头）

肱肌

肱三头肌（长头）

肱三头肌（内侧头）

肱三头肌（外侧头）

桡侧腕屈肌

尺侧腕屈肌

肱桡肌

桡侧腕长伸肌

桡侧腕短伸肌

指伸肌

尺侧腕伸肌

图5.5 手臂肌肉结构

抓握时双手间距不同，锻炼效果也不同。当双手以窄间距握住一根棍的时候，肱二头肌长头的一侧（外侧）会花费更多的力气。随着抓握宽度的增加，肱二头肌短头一侧（内侧）的肌肉纤维会发挥作用。我们需要记住这些知识，因为如果想要改变你的练习进度，并采用不同的方式来锻炼肌肉纤维，那么你不仅需要改变负荷，还需要改变抓握方式。

肱三头肌是肱骨上两块肌肉中较大的那块，约占上臂的66%。肱三头肌由三块肌肉组成：外侧头（在上臂外侧最明显的肌肉）、内侧头和长头肌肉。外侧头位于后臂外侧，呈马蹄状，有时可以在发育良好的肱三头肌上看到它。马蹄状的其余部分是位于上臂背部的肌肉。肱三头肌的内侧头是最厚的部分，位于肘部的上方。外侧头和内侧头都起于肱骨，长头肌肉起于肩胛骨。这三块肌肉通过附着在尺骨上的肌腱连接在一起。你可能会注意到，肱二头肌附着在桡骨上（下臂与拇指同侧的骨头），而肱三头肌附着在尺骨（下臂与小拇指同侧的骨头）上。

虽然专门练习肱三头肌是一种有效的训练方法（尤其对于初学者），但最好是在举起重物的过程中进行练习。锻炼这些肌肉可以帮助你进行更大负荷、更高强度的多关节运动（即涉及肩部、肘部、腕部的运动），尤其是胸部和肩部的运动。所以当用上半身的力量举起重物时，肱三头肌会发挥巨大的作用。因此，如果要让肱三头肌强壮有力，请采用负重练习。

上半身训练

当为上半身选择训练项目时，需要考虑你的特定目标、可使用的器械及训练的时间。然后，选择最适合自己的练习顺序。此外，在练习的初期，应该练习最重要的肌肉群，使那些能帮助你实现既定目标的肌肉群能在身体疲劳之前得到锻炼。

下面将详细介绍上半身练习。第三部分会引导你进行例行训练，并就以下几方面提出意见和建议：训练负荷（即确定哑铃重量）、训练量（即每项训练分为多少组和每组练习的重复次数），以及频率（即多久训练一次）。

哑铃卧推

　　此项练习的目标是胸部、三角肌前束和肱三头肌。面朝上躺在训练椅上，膝关节屈曲，双脚平放在地面。双手各握一个哑铃，放在胸部两侧，肘关节屈曲90度，手掌心朝向膝部（见图a）。向身体上方推举哑铃，直到双臂完全伸展（见图b）。尽量不要让哑铃位于眼睛上方，而是位于胸前。充分伸展肘关节，然后慢慢降低到起始位置。

杠铃卧推

　　此项练习的目标是胸部、三角肌前束和肱三头肌。躺在训练椅上，双脚平放于地面。双手握住杠铃，双手间距略大于肩宽，将杠铃置于胸部上方（见图a）。缓慢地放下杠铃，但不要使其太靠近胸部（见图b）。然后向上推举杠铃并重复此动作。

哑铃飞鸟

此项练习的目标是胸部、肩部和前锯肌。仰卧于训练凳上，双脚放于地面。双手各握一个哑铃，双臂上举到胸前，掌心相对（见图a）。缓慢地按一定弧线放低哑铃，双手最终停放在身体两侧，肘关节微屈，看起来就像是手臂在环绕着一棵大树（见图b）。慢慢地按照同样的弧线轨迹举起哑铃，直到它们回到胸前。重复此动作。

站姿绳索飞鸟

此项练习的目标肌肉是胸部肌群、肩部肌群和前锯肌。首先，将身体置于夹胸器中间，调整滑轮位置使其与肩部同高。站在夹胸器中间，双脚前后开立，降低重心，身体稍微向前倾（见图a）。此项练习中所用到的力量不仅来自手臂和胸部，还来自腿部与核心肌肉。双手各握一个牵引手柄，直接从肩部开始伸展手臂，手心朝里，肘部放松。缓慢地以一定弧线轨迹将手臂在身体前方展开，并在感觉舒适的前提下尽可能地让手臂向身体两侧伸展（见图b）。按照同样的弧线轨迹，让手臂回到起始位置。

下斜杠铃卧推

　　此项练习的目标是胸肌、肩部肌群和肱三头肌的下部肌肉纤维。仰卧在下斜的训练椅上，头位于较低的一端，双脚位于地面或较高的一端。双手位于头部上方间距略大于肩宽，手臂与地面垂直，在头部上方反手握住杠铃（见图a）。缓慢地将杠铃降低到胸部（见图b），然后将杠铃推回到胸部上方，并完全伸展肘关节。重复此动作。

俯卧撑

　　此项练习的目标是胸部、三角肌前束和肱三头肌。俯卧撑也需要大量的核心肌肉的参与。下面介绍的俯卧撑练习准则会帮助你保持适当的平板姿势，并从正确的起始位置开始练习俯卧撑，直到完成整个动作。

　　面朝下，俯撑于地面上，双手间距略大于肩宽。确保双手和手臂在相对于身体的正确位置，手掌按压在地面，五指向前，充分张开（见图a）。然后，想象两个大拇指之间有一条线，胸骨正好位于这条线的正上方。慢慢地将身体降至地面，使上臂与地面平行（见图b）。保持头部与脊柱在一条线上，将身体推回到起始位置。如果感觉完成一个俯卧撑非常困难，可以稍稍放宽双脚间距。双脚间距增加可以提供更强的支撑，有助于推动身体向上。随着练习次数的增多，力量增加，可逐步缩小双脚间距，直到可以在双脚合并的情况下做俯卧撑。

下斜俯卧撑

　　此项练习的目标是胸部、肩部和肱三头肌。背对楼梯或台阶，双膝跪地，将双手平放在地板上，双手间距与肩部等宽。双脚放在楼梯的第二阶或台阶平台上，身体呈俯卧撑姿势（见图a）。身体下降，直到上臂与地面平行（见图b）。然后将身体向上推回。重复此动作。

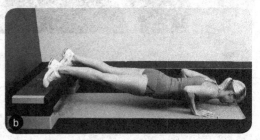

上斜俯卧撑

　　此项练习的目标是下胸部肌肉、肩部肌肉和肱三头肌。面朝台阶跪地（或者设置一个台阶平台），双手放在第二阶，双手间距略大于肩宽。如果有一个相当两级或三级台阶高度的训练椅，也可以使用它。腿向身后伸展，使身体成一平板状，从头部到脚应为一条直线（见图a）。此动作会用到腰背部肌肉和两侧腰线附近的肌肉。这些肌肉应该有同等程度的收缩，这意味着它们变得紧绷，同时在努力保持身体姿势。屈曲肘关节来降低身体，直到身体跟阶梯之间有大约一个拳头的距离（见图b）。如果你觉得以你现在的水平这个强度有点低了，那么你可以在保持身体呈平板状的同时尽量压低身体。身体到达最低点后，呼吸一次，然后回到起始位置。

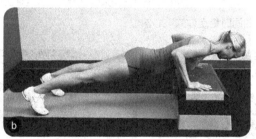

前平举

此项练习的目标是三角肌前束。双脚分开与髋同宽，脚尖朝前。双手各握一个哑铃，置于体侧，略偏向身体前方，手心朝向大腿（见图a）。保持手臂伸直，抬起手臂直至与肩部等高、手心朝向地面（见图b）。达到最高点之后，稍作停顿，然后降低手臂，使其慢慢地回到身体两侧。重复此动作。

绳索前平举

　　此项练习的目标是三角肌前束和肩部前部的肌肉。背对着一个低位滑轮站立，手握拉力器手柄（见图a），慢慢抬起手臂，直到与地面平行（见图b）。手臂应该完全伸展，肘关节和腕关节应伸展。手臂抬至最高点后停顿一下，然后慢慢降低到起始位置。由于拉力器的特性（即每组滑轮对应一个手柄），你可能每次只能练习一侧。这实际上是一件好事，因为你必须在进行单手动作的同时稳定你的核心部位。

侧平举

此项练习的目标是三角肌中束。站姿，双脚分开与肩同宽，脚趾朝前。双手各握一个哑铃，垂于身体两侧（见图a）。从身体两侧慢慢抬起手臂，直到手臂与地面平行（见图b）。此时你的整个身体呈T形。手臂抬到最高点后略作停顿，然后缓慢下降回到起始位置。

坐姿推肩

此项练习的目标是三角肌前束、三角肌中束和肱三头肌。坐在训练椅的边缘或瑞士球上，双脚触地，双手各握一个哑铃。为了保持身体平衡，双脚间距应与肩同宽或略窄。将哑铃举到肩部的两侧，手心朝前，背部挺直（见图a）。哑铃应与耳垂等高。将哑铃向上举，高过眼睛，直到肘关节完全伸展（见图b）。缓慢收回哑铃至耳垂高度，并重复整个动作。

直立哑铃划船

此项练习的目标是斜方肌和三角肌中束。站姿，双脚间距与肩同宽，双手各握一个哑铃。双臂在身体前垂直向下，使哑铃位于大腿处，手心朝向身体（见图a）。朝着下巴处缓慢举起哑铃，然后回到起始位置（见图b）。举起过程中沉肩，胸部打开。尽量不要让哑铃高过肩部。

俯身哑铃划船

此动作可以练习中背部、背阔肌、菱形肌、斜方肌、肱二头肌和肱桡肌。双脚并拢站立，从髋部开始上半身向前折叠，后背挺直，靠近大腿，屈曲膝关节。双手各握一个哑铃，放在肩部正下方（见图a）。将哑铃拉向身体，挤压肩胛骨之间的背部肌肉。集中注意力，让哑铃靠近最下方的肋骨，肘关节向后屈曲并向身后的天花板移动（见图b）。放下手臂，直到肘关节完全伸展。

直立直杆划船

此项练习的目标是斜方肌和三角肌中束。站姿，双脚间距与肩同宽，反手握住杠铃（手心朝向身体），双手间距8到10英寸。双臂在身体前方垂直向下，看起来像是将杠铃悬挂在手上（见图a）。利用肘部发力，缓慢向上抬起杠铃，使其到达胸部的高度（见图b）。此时肘部应该指向身体两侧。保持肩胛骨向下，打开胸腔，并缓慢放下杠铃。重复此动作。

高位滑轮下拉

此项练习可以锻炼背阔肌、斜方肌中部和上部，以及肱二头肌。坐在高拉滑轮机上，在头顶上方反手握住拉力杆。为保证姿势准确，手臂向上呈V字形，以此确定拉力杆的高度以及双手间距（见图a）。保持脊柱挺直，将拉力杆拉向身体，直到其位于胸部上方（见图b）。请注意，应该使手臂向体侧移动，而不是把手臂拉向身体。慢慢地使拉力杆回到头部上方，不要让拉力杆带动手臂。不要将拉力杆拉到颈部和背部后面。

引体向上

此项练习可以锻炼背阔肌、中背部和肱二头肌。抓住单杠，使双手间距略大于肩宽，手心朝前。身体悬挂在单杠上，手臂伸直，双脚离开地面（见图a）。使身体缓慢向上，直到单杠位于下巴下方，或者根据自身能力，尽量使身体向上（见图b）。然后让身体回落。重复此动作。

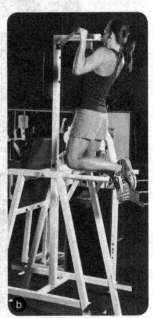

仰卧直臂上拉

此项练习可以锻炼斜方肌上束、背阔肌、下胸肌和肱三头肌。平躺在训练椅上，双脚平放在地面上。双手握住哑铃，垂直举在胸前，用手和手指环绕在哑铃的基座上，使哑铃悬挂在手上（见图a）。手心朝上，缓慢地使哑铃沿着一定的弧线越过头部，直到手臂、肩部和体侧有轻微的拉伸感，并感觉哑铃位于头部上方（见图b）。缓慢回到起始位置（即让哑铃回到胸前）。在整个运动过程中，应保持手臂完全伸展，并确保自己能够掌控动作。

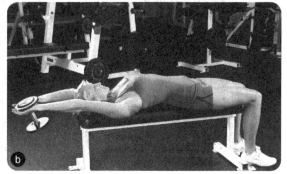

负重耸肩

此项练习可以锻炼斜方肌和前臂肌群。双手握住杠铃杆（或者双手各握一个哑铃）。握住哑铃时，手心朝向自己，哑铃位于体侧（见图a）。保持直立姿势，尽可能地抬高你的肩部（见图b）。当肩部到达最高点时，停顿一下，然后慢慢回到起始位置，同时从肩关节开始降低手臂，使肌肉能够长时间伸展。

俯身飞鸟

　　此项练习可以锻炼三角肌后束、斜方肌和菱形肌。站姿，双手各握一个哑铃，双脚分开，膝关节屈曲。从髋部开始前屈你的身体，手臂呈侧平举姿势（见图a）。保持头部正对脊柱，眼睛向下但头不能向下移动。通过后倾骨盆来保持脊柱伸展。缓慢向身体外侧抬起手臂，同时保持动作平稳，在手臂抬起直到达到水平位置的过程中不要改变身体重心（见图b）。手臂抬起、回落时，肩部后方、核心肌肉和中背部应该都有拉伸的感觉。

坐姿低位划船

　　此项练习可以锻炼背阔肌、菱形肌、肱二头肌和竖脊肌。坐在坐式划船器的训练椅上，手心朝下握住手柄（见图a）。背部挺直，膝关节屈曲，双脚踩住踏板。伸展手臂，感受背阔肌的拉伸。拉动手柄直到触及腹部（见图b）。肩胛骨尽可能地向后拉，同时保持脊柱挺直。慢慢地让手柄回到起始位置。有很多手持训练小工具都可以用于划船练习。

脊柱伸展

有许多方法可以进行脊柱伸展运动。由于脊柱的深层肌肉小而多，所以你不需要将它们添加到训练目标中。因此，只要正确地运用生物力学，完全可以利用自身体重来满足训练需求。下面是一些练习示例，除此之外，还有其他许多练习。在第7章（核心训练部分），我们会提供更多的脊柱和腹部练习。

普拉提游泳

俯卧于垫子上，双腿伸直，双脚并拢。肩胛骨向后，看起来像是要将它们拉到背后的口袋里并远离耳朵。手臂伸直，越过头顶。腹部肌肉向上、向内收缩，使腹部远离地面。从身体中心开始，分别向前、后两个相反方向伸展手臂和双腿，使其自然离开地面。同时伸展脊柱，使其变长，头部离开运动垫向上抬起（进一步伸展脊柱）（见图a）。保持脸朝下对着运动垫，继续向外伸展手臂和双腿，右臂－左腿和左臂－右腿交替以脉动频率上下移动，就像是在水中踢腿（见图b）。你应该感觉自己像是在以臀部和肩关节为基点模拟游泳。每组进行5次拉伸和呼吸，共做2到3组练习。可以通过轻微增加手部或脚踝负重来增加练习的强度。

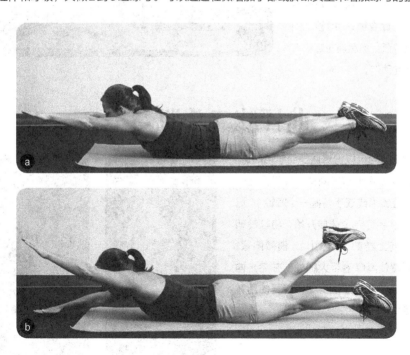

四足脊柱伸展

从四肢着地的姿势开始，伸展对侧的髋关节和手臂，看起来更像是游泳，但这个动作不需要你以脉动的频率交替进行，反而需要保持对侧伸展的姿势。如何确定适当的四足姿势：把手放在肩部正下方，手掌打开，手指向外伸展（见图a）。膝部应该在髋部正下方，双膝间距与髋同宽。脊柱应处于伸展状态，且位于身体正中间。同时伸出右臂和左腿，注意是分别从肩关节和髋关节处伸出（见图b）。手臂尽量伸展，肱二头肌应和双耳在一条直线上。手向前伸，大拇指朝上，看上去像是要跟人握手。腿部应与髋部等高，不能超过此高度。保持此姿势6~10秒，回到起始位置。然后换左臂和右腿重复此动作。

曲杆肱二头肌弯举

此项练习可以锻炼肱二头肌和前臂。直立，双脚间距与肩同宽，反手握住一个曲杆杠铃（或双手各握一个哑铃）（见图a）。从手臂完全伸展开始，将杠铃朝着肩部向上卷曲（见图b），稍微停顿，然后慢慢使其降落至大腿处，并完全伸展肘关节。不要摇摆身体，不要使用背部力量举起杠铃。

锤式弯举

此项练习可以锻炼前臂肌群和肱二头肌。直立站姿，双手各握一个哑铃，手臂放在身体两侧，手心朝向大腿（见图a）。向上举起手臂时，保持两个手掌相对，尽量不要转动手腕（见图b）。缓慢使哑铃回落。

斜板弯举

此项练习可以锻炼肱二头肌。坐在斜板弯举装置上，双手握住杠铃，手心朝上，将手臂放在面前的倾斜垫上（见图a）。保持背部挺直（不要驼背），并将杠铃朝向肩部举起（见图b）。使杠铃缓慢下落。重复此动作。如果没有斜板弯举装置，可以用瑞士球代替。

反向弯举

反向弯举重点锻炼的是肱二头肌和前臂肌肉。双手各握一个哑铃，双臂垂直向下，放在身体前面，手心朝后（见图a）。保持背部和躯干挺直，缓慢弯曲手臂使哑铃向着肩部移动（见图b）。上举过程中不要扭转手腕。当哑铃移动到最高点时，手背应朝向肩膀前部。控制手臂，使哑铃缓慢回到起始位置。

肱三头肌屈伸

此项练习针对的是上臂后部的肱三头肌。站在训练椅旁边，将一条腿放在训练椅上，对侧远离训练椅的手握住一个哑铃。空着的手和同侧膝部支撑于训练椅上，持哑铃的手放在体侧（见图a）。保持哑铃贴近身体，同时向后推哑铃，直到肘关节完全伸展（见图b）。然后使哑铃回到起始位置。

肱三头肌反向屈伸

此项练习能够很好地练习核心肌群和肱三头肌。坐在一个结实的椅子上，向前移动，直到手掌位于椅子边缘，手指悬挂在椅子边缘，臀部位于椅子前方。保持双手位置不变，向前迈步，直到双脚位于前方的地面上（见图a）。保持手臂伸直，同时支撑整个身体。缓慢地使身体向下，肘关节在身后屈曲，臀部靠近地面（见图b）。然后用力向上直到手臂伸直，肘部放松。

TRX 胸部推举

此项练习可以加强胸部、肩部、肱三头肌和核心肌群。背朝TRX锚点站立，使皮带伸长或完全伸长。保持双脚间距不变，最大限度地保持稳定，或者通过缩小双脚间距来增加强度。双手放在手柄中，使身体呈一定角度站立。角度越小，挑战性和强度就越大。从肘关节屈曲开始（见图a），手臂沿一条直线向前推（见图b）。双手保持一定的高度，防止皮带摩擦手臂。继续进行胸部按压，同时激活核心肌群。背部不要下垂，腹部也不要垂在前面。

TRX划船

　　此项运动可以强化中背部肌群、三角肌后束、肱二头肌和核心肌群。面朝TRX锚点站立，皮带处于自然长度。保持双脚间距不变，最大限度地保持稳定，或者通过缩小双脚间距来增加强度。将手放在手柄上，让身体呈一定角度站立。角度越小，挑战性和强度越大。从肘关节屈曲开始，将手臂向后拉，呈划船姿势（见图a）。将手臂拉向肩部时，保持肘部与肩部动作一致（见图b）。继续进行划船动作，同时激活核心肌群。不要让背部弓起。请注意，你可以通过改变划船位置（如低位划船、高位划船）来改变这个练习，或者通过创造一个更小的角度来增加难度。

TRX原子俯卧撑

这种组合式运动创造了一种高强度的全身运动，特别针对核心肌群、胸部肌肉和肱三头肌。跪在地面上，脚放在脚架上，脚尖朝向远离TRX锚点的方向。拉伸皮带（脚架距离地面约8英寸），使身体位于锚点下方并与锚点对齐。从双手开始，使身体呈平板状（见图a）。向上抬起尾骨，并将膝部拉到胸前，使脊柱呈弧形（见图b）。要想使这项运动更有挑战性，可以向前移动，或者说离锚点更远。

TRX Y字飞鸟

此项练习可以增加三角肌中后部的力量。面对TRX锚点站立，让皮带缩短至中等长度。保持双脚分离（如图所示），或双脚保持一定间距，以达到最大的稳定性，或者通过缩小双脚间距来增加强度。将手放在手柄上，使身体呈一定角度站立。角度越小，挑战性和强度就越大。从肘关节完全伸展开始，双臂向着肩部上方举起呈Y字形（见图a）。手臂从身体前方下落，但臀部不能下落（见图b），然后将手重新举到头部上方呈Y字形。不要让皮带变松。肘关节要完全伸展，双手与肩部保持一条直线。继续抬高三角肌，同时激活核心肌群。不要弓起背部。请注意，你可以通过改变手臂位置来改变这个练习（比如，如果将手臂举过头顶，可以进行I字三角肌抬高；如果将手臂移动到身体两侧，可以进行T字三角肌抬高）。

现在，你已经熟悉了本书后面概括的训练计划中列出的上半身练习。根据说明并参考相应的图片，你应该能够轻松地进行每项练习。请记住，花点时间做练习，如果需要的话，可以对这些练习进行适当的改动。在后面的章节中，会给出关于哑铃负重、练习组数和重复次数的具体指导，但请你尊重自己的身体，正视自己当前的健身水平、技能水平、实力和能力。你有足够的时间来学习对你来说是全新或者特别具有挑战性的练习。最重要的是要牢记，运动就像是一段旅程，不要着急，慢慢享受它吧！

第**6**章

下半身练习

通过力量训练获得强健的下半身是非常值得的。下半身的肌肉（臀肌、腘绳肌、股四头肌、髋屈肌、内收肌和小腿肌）非常便于训练，它们能对不同强度的运动产生良好的反应，从而使训练者能够获得美丽匀称的腿部和臀部肌肉。许多女性发现她们必须针对"麻烦部位"加强练习，包括粗壮的大腿、不发达的臀部肌肉（平坦而非圆润），以及脂肪过多的大腿内侧。一些女性身上还有一些赘肉，这些赘肉是一个难以解决的问题。

你的先天遗传、后天锻炼和饮食习惯，都会对腿部的脂肪含量以及腿部肌肉的质量、力量以及精瘦和结实度有很大的影响。毫无疑问，如果你想减掉腿部脂肪，就必须减少热量的摄入，同时增加有氧运动。关于减脂、增加下半身的力量和精瘦程度，请忘记"局部瘦身"这一说法吧（见第2章）。针对腿部的特定肌肉或局部进行训练，并不会使该部位的脂肪减少。锻炼腿部需要采用一种"全或无"的方法，这意味着必须结合适当的负荷进行正确的练习，才能达到你想要的结果。无论你的目标是什么，本章介绍的练习都会让你在几周内拥有完美的下半身，这将给你带来数月和数年的力量与美丽。

下半身解剖学

腿部肌肉可以分解成前后两个肌肉群。位于大腿前面、上部的肌肉是最大的下肢肌群——股四头肌。大腿内侧肌群称为内收肌群，通常称为大腿内收肌。大腿后面是腘绳肌，大腿下面是小腿。臀部肌肉也位于身体的后部，由臀大肌、臀小肌和臀中肌3块肌肉组成。臀大肌是下半身最大的肌肉。了解腿部肌肉的组成、位置、运动方式以及它们所涉及的关节，可以帮助你根据你的训练目标来选择训练项目。

臀肌

　　构成臀部的肌肉有3块：臀大肌、臀中肌和臀小肌（见图6.1）。臀大肌是身体最强壮的肌肉，起始于骨盆，沿着一个叫作阔筋膜张肌的组织，插入股骨后部。臀中肌和臀小肌也起于骨盆，但它们是沿着股骨插入的。臀大肌可以辅助腘绳肌伸展髋关节，或者在走路或跑步时将腿向后拉，并在髋关节处向外旋转股骨。

　　臀中肌和臀小肌可以使髋关节外展，将腿部伸向一边。它们还可以屈曲髋关节并使股骨向内旋转。当身体在矢状面移动（如行走）和做踢腿运动时，这些肌肉还可以起到稳定骨盆的重要作用。为了稳定骨盆和腰部，臀中肌和臀小肌必须强壮有力。

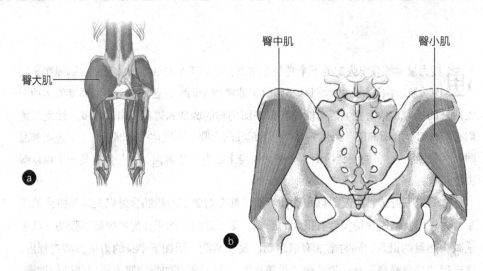

图6.1　臀肌的肌肉结构

内收肌群

　　内收肌位于股骨内侧，通常称为大腿内侧肌肉。内收是让腿靠近身体中线的动作。事实上，内收肌群非常大，且包含的肌肉数量惊人。虽然我们通常不会做一些特定的动作（踢球动作就是一个例子）让腿更靠近身体中线，但在横向运动和矢状面运动中，我们确实需要强大的内收肌来稳定股骨和骨盆。内收肌主要负责髋关节和股骨的力量及稳定性。

　　内收肌群中最大的肌肉是大收肌（见图6.2）。这块肌肉起于耻骨，并附着在股骨外侧，即膝部内侧。长收肌（最长的内收肌）和短收肌（最短的内收肌）是逐渐缩短的内收肌，它们靠近髋部的骨盆。另外两个内收肌是耻骨肌和股薄肌。

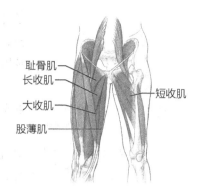

图6.2　内收肌群的肌肉结构

女性为了瘦腿，经常尝试在健身房锻炼大腿内侧肌肉，但这一做法从未奏效，因为局部瘦身是不可能的（见第2章）。你无法只让身体的某一部分变瘦，或者只减少身体某一特定区域的脂肪量。虽然有针对内收肌的练习，但其实这些肌肉会对任何下半身肌肉参与的运动做出反应。

腘绳肌

腘绳肌位于大腿后部。它们完全覆盖股骨，由3块肌肉构成：股二头肌、半腱肌和半膜肌（见图6.3）。这3块肌肉都起于骨盆，沿股骨的方向伸展，并插入胫骨或膝盖外侧的腓骨头部。这3种腘绳肌（除了股二头肌的短头部分）都可以用来弯曲膝关节并伸展髋关节。

股二头肌是大腿后面最外侧的肌肉。部分股二头肌位于大腿外侧，起于股骨。股二头肌的另一部分也起于股骨，是唯一没有穿过髋关节的腘绳肌，这部分肌肉完全参与膝关节屈曲，但在髋关节伸展中没有任何作用。

半腱肌是一种块较小的肌肉，起于骨盆，与股二头肌肌腱相连，半腱肌还与股二头肌一起延伸，直到股二头肌插入膝盖内侧的胫骨。半膜肌位于股骨内侧的半腱肌旁边。半膜肌起止点和插入位置与半腱肌相同，但半膜肌顶部的肌腱更长，底部的肌腱更短。

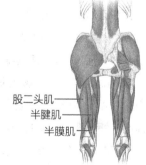

图6.3　腘绳肌的肌肉结构

腘绳肌具有巨大的增长潜力，但它们无法很好地应对那些试图同时作用于腘绳肌两端的运动。由于腘绳肌穿过髋关节并能屈曲膝关节，所以它们无法对膝关节弯曲和髋关节伸展同时做出反应。然而，如果单独进行这两种运动，就能使腘绳肌的强度、大小、力量和功能方面（这一点最重要）获得很大的提升。

股四头肌

当完成一个简单动作，如屈膝后伸直膝关节，会用到4组股四头肌。膝关节弯曲

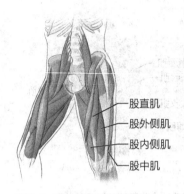

股直肌
股外侧肌
股内侧肌
股中肌

图6.4 股四头肌的肌肉结构

后伸直的动作是大多数腿部运动中的一个基本动作，这就是为什么股四头肌能够承受巨大的力量和耐力的原因。

股直肌是股四头肌群的一部分，在髋关节屈曲中起重要作用（见图6.4）。这块肌肉看起来像是在大腿中部将大腿一分为二。股直肌起于骨盆，并与股四头肌肌腱中的其他3种股四头肌相连，股四头肌肌腱穿过髌骨，并附着在胫骨上。其他3种股四头肌通常称为股外侧肌群。股外侧肌是大腿外侧的一块大的肌肉，起于股骨的外侧顶部。股内侧肌起于股骨内侧，

与大部分股骨垂直相连。股内侧肌的底部大而厚，发达的股内侧肌在膝部内部呈泪珠状。在股直肌下方以及股内侧肌和股外侧肌之间，是股中肌，它的起点分布在股骨的整个前部。

虽然可以将股四头肌的大部分肌肉分开来进行练习，以美学的方式发展它们，但将这些肌肉结合在一起训练才是最好的功能性训练。为什么在并非将其他股四头肌排除在外面单独使用股内侧肌的情况下，还要进行局部的膝关节伸展运动来锻炼股内侧肌（位于膝关节内侧）呢？同时锻炼整个肌肉群更有意义。

髋屈肌

髋屈肌是一组作用于股骨的肌肉，可以将股骨拉向髋部。这些肌肉都会适当参与一个简单但很重要的运动——髋关节屈曲。当你在身体前方抬腿时（如果你正在坐着，那么你已经在做这个动作），你正在进行髋关节屈曲。

在过去10年，物理治疗师和私人教练已经警告人们不要在训练中过度使用髋屈肌。这一预防措施与腰椎屈曲和肌肉紧张度有关，但主要与另一种叫作腰大肌（见图6.5）的髋屈肌有关。腰大肌起于腰背部（腰椎）的脊椎骨，附着在股骨的内侧顶部。当它收缩（缩短）时，会将腰背部的椎骨拉成一个较为明显的拱形，从而加剧了脊柱前凸（腰部非常明显地拱起）。这时就需要强壮的腹部肌肉来抵抗那股拉力，同时在做练习时应当保持腰部一直处于中立位置。因此，在进行类似悬垂举腿（迫使腰大肌强拉腰椎）等动作时，拥有足够的腹部力量非常重要。如果你已经感到腰疼，就不应冒险做这些练习。与腰大肌共同发挥作用的肌肉称为髂肌。这块肌肉起于骨盆内侧，在股骨顶端与腰大肌相连。两块肌肉共享一根肌腱，无论是在位置上还是在功能上，它们都密切相关，因此也称为髂腰肌。

体表可见的最大的髋屈肌是股直肌，这是唯一穿过髋关节的股四头肌。因为它穿

过髋关节，所以它的主要作用是使髋关节屈曲。另一块体表可见的髋屈肌（在那些精瘦的人身上）是缝匠肌。这是人身体上最长的肌肉，起于骨盆外侧，斜穿过股骨，并附着于膝部内侧下方的胫骨上。当穿过膝关节和髋关节时，缝匠肌就像髋屈肌一样，将腿抬到身体前面。它还可以与臀肌和其他髋部伸肌群一起，从髋部开始帮助腿部外展（侧抬腿）。缝匠肌在膝关节伸展中起着很小的作用。

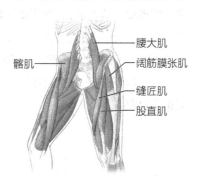

最后要介绍的髋屈肌是阔筋膜张肌。这块肌肉是结缔组织的一部分，位于股骨前侧。阔筋膜张肌以及与它相连的结缔组织能够在膝关节疼痛和受伤时发挥作用，特别是能够保护跑步人群的膝关节。

图6.5 髋屈肌的肌肉结构

小腿肌

小腿后侧的3块肌肉统称为小腿肌。其中，最大、位于最外侧的肌肉是腓肠肌（见图6.6）。这块肌肉在发达的小腿上很容易辨别。因为腓肠肌起于股骨上髁的底部（股骨底部内侧和外侧的突起），所以它实际上穿过了膝关节。当你进行屈膝练习时，比如腿部弯举，就会动用到腓肠肌，因为它能帮助腘绳肌进行膝关节运动。另一块能够帮助腓肠肌的是腓骨长肌，它可以在非常瘦的腿上看到，其位于腓肠肌和胫骨之间，或者胫骨的外侧。

比目鱼肌是位于腓肠肌下方的一块扁平肌肉鞘。你可以在腓肠肌下面找到这块肌肉，就在腓肠肌和比目鱼肌联合组成的跟腱的位置上，而跟腱就附着在脚跟上。通常，腓肠肌和比目鱼肌一起发挥作用。要单独训练比目鱼肌，可以将膝关节屈曲90度，并抬高小腿。膝关节屈曲可消除腓肠肌的支撑作用，从而使比目鱼肌发挥全力。

在任何使身体通过矢状面移动的运动或动作中，小腿都发挥着重要作用，这些运动包括行走、跑步、骑车等。小腿肌能够参与大部分大型的下半身运动（比如深蹲和硬拉）。当股四头肌与膝关节一起作用时，腘绳肌和臀肌协力让腿部产生力量，推动身体向前，小腿肌与踝关节共同提供最终的推力。

小腿肌负责的主要关节活动是跖屈，即绷脚尖，以使脚跟靠近膝关节。不论是为了运动和活动的便利，还是为了美观，发展小腿肌都非常重要。就像肱三头肌一样，小腿肌可以通过全身的大肌肉群训练及下肢运动而得到锻炼。但是，我们还是会提供一些练习来专门训练这个肌肉群。

另一组位于小腿前方的肌肉群是胫骨肌。胫骨肌中最大的肌肉是胫骨前肌，它位于胫骨一侧。虽然它是前腿肌肉中最大的肌肉，但它实际上小而薄，起于胫骨，并附着在足的内侧顶部。胫骨前肌旁边是趾长伸肌，这两块肌肉（以及其他一些肌肉）都可以实现踝关节背屈，即将脚趾向上拉向胫骨（勾脚尖）。跖屈和背屈这两种关节活动在许多运动中都非常重要，包括像走路这样简单的动作。保持踝关节动作的质量对于防止脚部、脚踝和腿部受伤，以及保持以正常步态行走的能力都非常重要。虽然我们没有专门为这些肌肉推出任何练习，但在涉及脚踝屈曲的所有练习中，它们都会得到相应的训练。

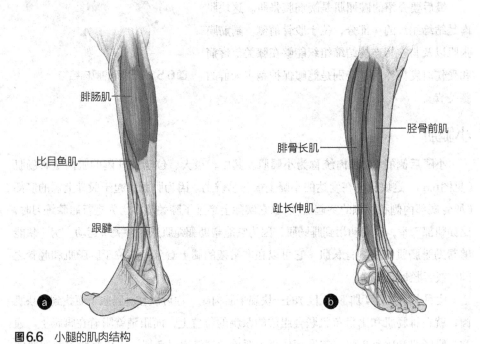

腓肠肌

比目鱼肌

跟腱

胫骨前肌

腓骨长肌

趾长伸肌

图6.6 小腿的肌肉结构

下半身练习

当针对下半身选择要做的练习时，需要考虑你的特定目标、可用的器械，以及训练的时间。然后选择最适合你的练习顺序，并在训练的开始阶段锻炼最重要的肌肉群。这会帮助你在身体感到疲劳之前有效训练到那些能帮你达成目标的肌肉群。

以下小节会详细描述每一个下半身练习，包括涉及的肌肉以及训练这些肌肉所用的器材。第三部分概述了一些项目，在这些项目中，你可以根据自身的目标和需要，将这些练习与推荐的重复次数、练习组数和每组练习时间联系起来。

哑铃前蹲

这个动作的目标是股四头肌和臀肌。双手各握1个哑铃，站姿，双脚与肩同宽，膝部放松。将哑铃在身前举起，将它们置于肩部上方（见图a）。双手位于身体中间的位置，手肘指向前方。慢慢蹲下，降低身体，屈曲膝关节和髋关节，直到大腿几乎与地面平行（见图b）。注意应避免弯腰。短暂保持此姿势，然后慢慢回到起始位置。

早安式

此练习的目标是臀肌、腘绳肌和腰背。身体前放一对哑铃，站姿，双脚与髋同宽，膝关节完全伸展，但要放松。从腰部开始向前弯曲身体，反手握住哑铃（见图a）。保持脊柱和腿部伸直。抬高身体，回到站立姿势，使哑铃位于大腿前方（见图b）。不要试图通过双臂拉起哑铃。整个练习过程中都要保持肘关节完全伸展。

坐姿腿弯举

此练习的目标是腘绳肌和臀肌。坐在坐式腿弯举练习器上，选择适当的负重。调整身体，使膝部与练习器的凸轮对齐，双脚放在前方的垫片上（见图a）。双脚慢慢向下，远离你的身体，同时保持上身稳定，屈曲膝关节，收紧臀肌（见图b）。缓慢抬高双脚回到起始位置。

瑞士球臀桥

此练习的目标是臀肌。仰卧，脚跟放在瑞士球的顶部，双臂放在地面上，位于身体两侧。屈曲膝关节，使其靠近胸部，同时保持双脚始终放在瑞士球上（见图a）。缓慢向上推臀部，收缩臀肌（见图b）。保持此姿势2秒，然后慢慢回到起始位置。

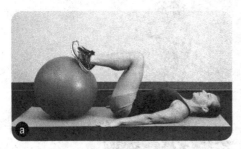 

瑞士球臀部挤压

　　此练习的目标是臀肌。脸朝下，俯卧于瑞士球上。手指和手掌与地面接触，脚趾平衡分布在地面上。腿部应完全伸直，身体在瑞士球顶部保持平衡（见图a）。使用四拍节奏抬起双腿，同时向外伸展双腿（见图b）；双脚并拢（见图c）；打开双腿，双脚放回到地面上（见图d）。

前弓步

此练习的目标是臀肌和股四头肌。双手各握一个哑铃站立，双臂垂于身体两侧（见图a）。当左脚向前迈出时，保持脊柱竖直，让迈出的大腿与地面平行，位于身后的那条腿的膝关节向下屈曲（见图b）。将自己推回到起始位置，然后换右脚向前迈出。

反弓步

此练习的目标是股四头肌、臀肌、小腿肌和髋屈肌。双脚与髋同宽站立，双手各握一个哑铃，双臂垂在身体两侧（见图a）。当左脚向后迈出时，保持脊柱竖直，降低身体高度，直到你的大腿与地面平行（见图b）。回到起始位置，换右脚向后迈出，然后再回到起始位置。

弓步行走

此项练习的目标是股四头肌、臀肌、小腿肌和腘绳肌。双手各握一个哑铃站立，双脚与髋同宽，手臂垂在身体两侧（见图a）。向前迈一大步，后侧腿的膝关节向下屈曲，大约呈90度（见图b），同时以同样的方式弯曲前侧腿的膝关节。不需要暂停，后脚蹬地，使后侧腿回到前侧腿旁边（见图c）。继续向前走，交替双腿进行练习。

侧弓步

此项练习的目标是股四头肌、臀肌、腘绳肌和小腿肌。站姿，双脚与肩同宽，双手各握一个哑铃，双臂垂在身体两侧（见图a）。左脚向左侧迈出，脚轻轻地落在身体前方的地面上，身体向前倾，直到膝关节屈曲约90度（见图b）。利用股四头肌将自己推回直立姿势，然后在右侧重复此动作。

哑铃深蹲

此项练习的目标是股四头肌和臀肌。做深蹲的方法有许多种，我们用哑铃来举个例子。双手各握一个哑铃（见图a）。双脚大致与髋同宽。如果感觉不稳定，或者感觉哑铃太重，可以增加双脚的间距。移动你的支撑点（双脚），使其间距变大，这有助于增加稳定性。双臂放在身体两侧，胸部挺起，脊柱伸直。缓慢地降低身体，直到大腿几乎与地面平行（见图b）。停顿一下，然后返回到直立位置。

单腿深蹲

此项练习的目标是股四头肌，同时还能挑战身体的平衡性。使用杆子、柱子或墙壁来获得额外的支撑。一只手放在墙上，另一只手握住哑铃或壶铃。用一条腿站立，另一条腿伸到身体前面，这样脚跟就会在地板上方悬空（见图a）。尽可能地降低身体（见图b），停顿一下，然后回到起始位置。

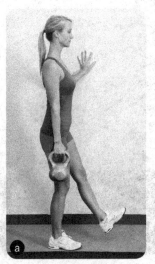

坐姿蹬腿

此项练习的目标是股四头肌。坐在腿部推蹬器上，腰部倚靠在靠背的中间位置。脚放在踏板上，脚的间距与肩同宽。按下脚踏板，松开手闸，同时伸展双腿，将双脚下降到使身体感到舒适的位置（见图a）。脚平放在踏板上，背靠在垫子上。稍微停顿，然后将脚踏板向后推，直到膝关节几乎完全伸展，但仍然稍微屈曲（见图b）。

坐姿伸腿

此项练习的目标是的股四头肌。坐在腿部伸展器上，使膝关节位于座椅边缘。根据需要调整身体的位置（见图a）。伸展双腿，直到膝关节完全伸展（见图b）。将注意力集中在股四头肌的收缩上，并控制负重片的下落，不要让其突然下落。重复此动作。

坐姿提踵

此项练习的目标是比目鱼肌。坐在小腿肌练习器上，将垫子横放在膝部，用前脚掌踩在踏板上（见图a）。脚跟降低，然后抬高（见图b）。脚和脚踝能感受到此练习中所使用的负重。如果没有小腿练习器，可以手握较重的哑铃放在膝部上方。

壶铃深蹲

此项练习的目标是股四头肌、臀肌、腹斜肌、肩部和腘绳肌。开始的时候，双脚间距大于髋宽站立，膝关节稍微屈曲，胸部挺起。双手握住壶铃，手臂向前伸（见图a），这是起始姿势。从髋部开始向前倾，在屈曲膝关节的同时，将壶铃降低至双腿之间（见图b），感觉像是蹲着一样。站起来的时候，将髋部和壶铃向前推，然后伸直身体，将壶铃举到头顶或尽可能向上举（见图c）。回到起始位置，并重复此动作。

壶铃深蹲侧抬腿

此项练习的目标是臀肌、外展肌、股四头肌和核心肌。开始的时候，双脚比髋部略宽站立，脚趾微微外展。在身体前方正中间握住壶铃，肘关节微屈（见图a）。屈曲膝关节，降低身体，呈深蹲姿势（见图b）。起身时，右脚蹬地，然后抬起右腿，重心放在左腿上，同时将壶铃举过头顶（见图c）。慢慢降低身体，回到深蹲姿势。换另一侧，变为抬起左腿，重复上述动作。

壶铃髋部铰链

此项练习的目标是臀肌。直立站姿，左腿抬起，膝关节屈曲90度，右手握住壶铃（见图a）。从髋部开始，慢慢向前倾，脊柱挺直，同时左腿向后伸展（见图b）。降低壶铃的位置，使其垂于地面上方。重新站直，让膝关节回到起始的屈曲姿势。换另一条腿重复此动作。

深蹲加屈膝礼弓步

　　此项练习不仅对腿部和臀部具有挑战性，而且还会对核心肌肉、肩部和背部肌肉产生影响。此练习是按照特定顺序进行的，所以在重复次数上也有要求：需要重复60次。从站立姿势开始，双脚与肩同宽，双手在身体前方握住一个药球。身体降低，呈深蹲姿势（见图a）。身体上抬时，将药球举过头顶，同时保持手臂伸直（见图b）。重复此动作10次。继续进行深蹲和上举，但添加一个抬膝动作（见图c），重复此动作10次。继续进行深蹲和抬膝，再增加一个屈膝弓步动作（见图d），重复此动作10次。如何从抬膝变成屈膝弓步：将抬高的膝部伸到支撑腿后方，药球也向同一方向移动，在膝部前方双腿形成交叉。成功地完成30次练习之后，从深蹲和上举重新开始，重复此动作，并换另一条腿做抬膝和屈膝弓步运动。

TRX深蹲

此项练习的目标是腿部肌肉，包括腘绳肌、股四头肌和臀肌。面向TRX锚点垂直站立，肩带调整为中长。手放在手柄上，肘关节屈曲约90度，脚趾向前，双脚与髋同宽（见图a）。通过下蹲降低身体，使尾骨向下，朝着地面降落（见图b）。身体下降时，臀部向下用力，身体上升的时候也通过臀部发力。整个练习都通过腿部来驱动，双手通过皮带获得支撑，但要避免借助皮带将身体向上拉。

TRX单腿深蹲

此项练习在平衡左右腿力量的同时挑战了核心的稳定性。与徒手练习相比，TRX赋予了更大的运动范围。面向TRX锚点垂直站立，肩带调整至中长。把手放在手柄上，肘关节屈曲约90度，脚趾向前，双脚与髋同宽，左脚指向锚点（以锚点为中心）（见图a）。右侧髋关节和右侧膝关节屈曲，使腿向前伸，通过股四头肌将腿固定在身体前方（见图b），保持脚跟朝向地面，这样可以让整条腿和臀肌都参与进来。身体降低的时候，臀部用力向下，身体抬起的时候也是通过臀部发力。整个练习都通过腿部来驱动，双手通过皮带获得支撑，但要避免使用皮带将身体向上拉。每条腿都练习相同的时间或次数。

TRX后弓步

　　此项练习对于腘绳肌和臀肌非常有效，可以帮助你提高单腿的平衡性和力量。面向TRX锚点垂直站立，将肩带调整至中长。把你的手放在手柄上，肘关节屈曲约90度，脚趾向前，双脚与髋同宽。后退一步（见图a和图b），然后回到起始位置，每次练习交替使用双腿。下巴抬高，挺起胸部，避免上身向后倾斜。

TRX平衡弓步

　　此项练习能够挑战使用TRX进行弓箭步练习时的核心稳定性。将皮带调整到小腿中部的高度，并将一只脚放在脚架上。身体降低，呈弓箭步姿势（见下图）。慢慢抬起身体，至站立姿势。继续做这个练习，身体降低呈弓步，将后脚放在脚架上，移动手臂，就像是在矢状面上移动一样。换另一条腿重复此动作。

TRX臀桥

此项运动能够挑战臀肌，并激活核心肌群、背伸肌和腘绳肌。面向TRX锚点躺在地面上，将皮带调整至小腿中部的高度，把脚跟放在脚架上（见图a）。对脚架施加均匀的压力，以避免在运动过程中出现锯齿运动。双臂和双手放在身体两侧的地面上。将膝部拉向胸部，在髋部上方弯曲，同时向上推臀部（见图b），然后降低臀部。此练习可以锻炼臀肌，所以当你没有感觉到臀肌发力时，应该向前移动，使身体靠近锚点下方，直到能感觉到臀肌被激活。

TRX腿弯举

此项练习可以锻炼核心稳定性和腘绳肌的力量。面对TRX锚点躺在地面上，皮带调整至小腿中部的高度。把脚跟放在脚架上。抬起臀部，使其离开地面（见图a）。将膝部拉到胸部（见图b），然后回到原来的位置。在整个练习过程中，在抬高臀部时保持臀部的恒定阻力。在练习过程中，确保将脚趾向下巴方向拉回。

现在，你已经熟悉了第10章和第11章中介绍的练习计划中的下半身练习。按照说明并参照相应的图片，你应该能轻松地重复每个练习。请记住：要花时间做练习，并根据需要进行适当调整。此外，在第10章和第11章的练习计划中，我们为你提供了练习的负重、练习组数和重复次数。你应该根据具体的指导原则，尊重自己的身体，并接受自身当前的健康水平、技能水平、竞争力和能力。你有足够的时间去学习对你来说可能是全新的或者特别有挑战性的练习项目。最重要的是要记住，运动就像是一段旅程。慢慢来，好好享受！

第 7 章

核心练习

在过去几年中，核心锻炼得到了广泛的关注。直到最近，"核心肌群"这个词才被用来替代"腹肌"，用来表示身体的中段。许多人对"核心"一词的含义仍然感到困惑。你对这个词的定义将会影响你如何将核心肌群练习纳入到你的日常练习中。

虽然许多人认为核心就是指腹肌，但这种说法并不全面。一些专家将核心肌群比作一个圆柱体。核心肌群从顶部的两根肋骨开始，向下延伸至骨盆底部。核心肌肉、脊髓、肌腱和韧带是彼此通力协作的。比如，核心肌肉参与了你的每一次呼吸。你呼吸时，膈肌会下降，肋骨会展开，并与胸椎的椎骨相接。顶部的两根肋骨与颈椎骨相互作用，而骨盆底部的伸展可以协助打开髋关节。

需要记住的一个重点是：核心运动不需要大量的练习。事实上，一些大幅度的、需要用力的运动限制了身体这些微妙的感官的区分能力。应该将核心肌肉看作是身体的刹车装置——它们主要负责让身体停止运动（也被称为减速），因此帮助大脑对身体在空间中所处位置的微妙暗示做出反应。这些微小的动作使得中枢神经系统能够将这些微弱但更有效的核心运动模式整合到身体平衡和运动知觉的维持中。换句话说，根据核心肌群发送给大脑的微妙提示，大脑就能知道身体所在的空间位置。关键是要学会如何进一步了解构成骨盆底部的肌肉，以及它们与身体其他部位的联系。要获得关于这些肌肉的更多信息，请参阅"识别核心肌肉"部分。

除了偶尔做仰卧起坐和俯卧撑之外，绝大多数规律锻炼的人，以及刚开始健身的人往往会忽略核心练习。核心练习的定义很简单，任何使用身体的躯干而不借用外力支持的练习都是核心练习。因此，拥有核心稳定性的一个例子就是能够在运动中使身体保持稳定。

通常，核心练习会在同等程度上动用不同的躯干肌肉。肌肉收缩是为了稳定身体，但肌肉不一定通过关节活动来参与到运动中。有时候，作为原动肌会通过更小、更分散的核心肌肉来保持身体稳定。为了稳定身体，脊柱上的所有肌肉（包括前后肌肉）都必须收缩，有时这些收缩会涉及关节运动，有时则不会。这就是为什么本章描述的许多核心练习都有规定的时长，而不是涉及关节活动和重复次数。

识别核心肌肉

要强化核心肌肉，必须先找到它们，然后练习它们。在锻炼过程中注意到身体使用核心肌肉时的感觉，这有助于在运动中使用核心肌肉并掌握使用它们的技巧。尝试做以下练习来培养核心意识，这有助于你提高自己的整体表现。

"嘘"呼吸（腹横肌）

此项练习可以帮助你了解呼吸时腹部肌肉和骨盆底肌是如何收缩的。在站立或仰卧时，将双手放在肚脐下方约2英寸处。通过鼻子吸气，使腹壁向各个方向扩张。在呼气时，缓慢压缩肚脐下面的空间，并发出"嘘"声。

蛇呼吸（腹斜肌和腰方肌）

此项练习将有助于你了解在运动中呼吸时核心肌肉是如何收缩的。仰卧，双手放在胸腔上方，肘部轻轻放在地面上。吸气，使肋骨扩张。注意当胸腔扩张到你的手所在的位置时，双手是如何抬高的。呼气，当肋骨向下离开双手时，发出像蛇一样的"嘶嘶"声。

"哈"呼吸（肋间肌和膈肌）

此项练习可以帮助你了解，当你在运动中正确呼吸时核心肌肉的变化。仰卧，双手放在胸腔上方，肘部放在地面上，指尖放在锁骨上。吸气时，使胸部上升到双手下面的空间。呼气，并发出"哈"的声音。注意胸骨软化和喉咙扩张的方式。

足尖着地（腹横肌）

此项练习的重点是腹横肌的等距力量和耐力，以强化控制髋部运动的肌肉。在这个练习中，你应该尝试用腹部肌肉来降低腿部，而不是用大腿肌肉和髋屈肌。仰卧，用脊柱来控制骨盆底部的运动，将双膝上升到桌面高度。一次只移动一只脚，慢慢将腿向地面移动，让大脚趾顶部轻轻地接触地面。通过降低髋关节的位置来移动你的腿，慢慢地恢复到桌面高度。换另一条腿重复此练习。每条腿练习6到8次。

提到"核心"，首先想到的应该是平衡和稳定。核心稳定是指当用手臂、双腿或躯干进行运动时，不会出现漂移、下垂或摇摆的情况。核心稳定性是良好的健身计划的一个关键组成部分。有目标的核心练习可以让骨盆、腰部、髋部和腹部的肌肉都得到训练，使它们能够与脊柱和四肢协调工作。这样可以使整体力量得到提高，获得更好的平衡性，当然，还能收获脊柱的稳定。因此，无论你是为了赢得比赛而努力拼搏，还是只是进行日常锻炼，核心练习都应该是健身计划的一部分。

核心肌肉解剖学

为了拥有一个强大的核心肌肉，你需要锻炼从髋部到肩部的各种肌肉。只做俯卧撑和仰卧起坐是不够的。许多人认为强大的核心肌肉就是指6块强壮的腹肌，但事实上，这个包括腹直肌在内的区域只代表了核心肌肉的一小部分，而且它们对核心力量的影响非常有限。

我们所说的核心肌群实际上包括许多能够稳定脊柱和骨盆，并分布于整个躯干的肌肉。当这些肌肉收缩时，它们可以稳定脊柱、骨盆和肩胛骨，形成坚实的支撑基础。这样，我们的四肢就能够进行有力的运动，这里所说的运动不仅是指体育运动或者运动表现，还包括功能性运动。这种健身方式对日常生活和日常活动都很重要。功能性健身这个词意味着，身体具有根据外部条件和内部力量执行功能性运动的能力。功能性运动通常涉及对身体核心有一定要求的运动，比如多平面或多关节运动。

人们能够用两条腿直立行走，也有核心肌肉的功劳。这些肌肉可以帮助我们控制运动、传递能量、改变体重，并朝任何方位移动。强大的核心肌肉可以分担承重压力，从而保护背部。为了达到锻炼核心肌的效果，核心训练计划应该针对所有这些肌肉群。下面让我们一起仔细看看那些称为"核心"的肌肉，了解它们在哪儿，它们有什么作用，以及怎样使用它们。

前核心肌

位于身体前面的4块腹肌是腹直肌、腹外斜肌、腹内斜肌和腹横肌（见图7.1）。

腹直肌

腹直肌的主要作用是将躯干向髋部拉近，也称为脊柱屈曲。这是一个非常简单的功能，也是与收缩相关的主要关节活动。股直肌是一种浅表肌肉，这意味着它非常靠近皮肤的表面。许多力量训练者认

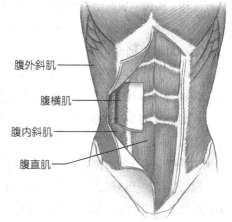

腹外斜肌

腹横肌

腹内斜肌

腹直肌

图7.1 前核心肌的肌肉结构

为，这种肌肉在美学方面最为重要，但在稳定腰部和脊柱方面只起到很小的作用。腹直肌起于耻骨联合处，并附着在第5、第6和第7根肋软骨及胸骨上。

腹直肌通常被称为6块腹肌。6块腹肌是上腹部被致密的结缔组织（筋膜）分开的结果。在腹部中间垂直延伸的筋膜被称为白线。在妊娠期间，由于激素变化，白线会变黑，称为黑中线。在怀孕期间，白线会逐渐分开来适应胎儿和子宫的生长。通过一些力量训练和有氧运动，大多数女性在产后可以让这种正常的1至3英寸的分隔距离恢复到孕前的状态。然而，在一些女性中，尤其是多次怀孕的女性，这种分隔距离会超过3英寸，分离可能会变成永久性的，导致腹部区域外突和下垂。即使是最专业的健身人士也可能发生这种情况。这种情况被称为腹直肌分离，通常需要通过外科手术进行修复。正常怀孕的健康女性可能想在怀孕期间进行一些腹部运动，以防止腹直肌分离。肌肉力量和耐力练习可以帮助肌腱保持力量，从而帮助女性回到孕前的状态。重要的是，要遵循美国体适能协会（AFAA）的指导方针，在怀孕3个月后，每次进行仰卧练习的时间不能超过2分钟。

许多力量训练者都希望能训练上腹部和下腹部区域。有些人会告诉你，腹部不存在上下腹部之分，而这一说法基本上是正确的。虽然不能单独训练上腹部或下腹部，但EMG（肌电图）研究表明：事实上，上腹部和下腹部肌肉纤维的使用和激活是有区别的。这些明确定义的肌肉区段有各自的神经纤维使用模式。这就是为什么我会在脊柱屈曲中通过抬起脚和腿来练习"下腹部区域"，并专注于从胸腔开始弯曲脊柱，将上身向着骨盆下移。进行这两个脊柱关节活动是锻炼腹直肌的最佳方式。

深层前核心肌

腹外斜肌位于腹直肌的一侧，是人体最宽的肌肉之一。它们起始于下肋（第6、7、8根肋骨），呈对角方式附着在骨盆顶部和白线底部。它们与位于它们下方的腹内斜肌协同工作。腹内斜肌起始于腰部和骨盆处腰椎的筋膜，并附着在第8、9、10肋骨的软骨上，与白线顶部相连。腹外斜肌纤维从胸腔中部沿对角线向下延伸，而腹内斜肌从骨盆沿对角线向上延伸。

腹内外斜肌与腹直肌一起发挥作用，可以让躯干从一边旋转到另一边，而且能在扭转或旋转身体时使躯干弯曲。你可以想象在腰部旋转练习中锻炼这些肌肉有多困难。斜肌被认为是姿势肌，因为它们必须一直保持轻微的收缩状态，使躯干保持直立。你可以通过拉伸腹部肌肉并有力挺起胸部来触发这些肌肉。这个动作可以让你看起来似乎拥有更纤细的腰身，而且是保持正确身姿的重要动作。

腹横肌是位于斜肌正下方的一层薄薄的肌肉，它的肌肉纤维从骨盆、最下边肋骨的软骨以及胸腰筋膜开始，水平延伸到躯干中线。这种肌肉不参与与之相连的关节活动，而且在脊柱的任何直接活动中都不起作用，所以它只能进行等距收缩（也就是说，在不需要实际运动的情况下可以变得更紧密）。尽管它在扭曲或弯曲脊柱方面没有直接作用，但腹横肌在保持肠道和其他脏器位于正确位置方面起着重要的作用，它还有助于有力地呼吸。

后核心肌

位于后侧的核心肌肉由2组较大的肌肉组成（脊柱两边各有1组），该肌肉称为竖脊肌（见图7.2）。正如第6章所述，这些肌肉可以完成所有背部负重的练习。它们位于脊柱的各个部分，被称为髂肋肌、最长肌和棘肌。髂肋肌是贯穿整个脊柱的最外侧的肌肉，最长肌是中间肌肉，而棘肌是最内侧的肌肉。这些竖脊肌随着整个脊柱伸展，从腰椎开始，一直延伸到头骨底部。这些肌肉还可以让脊柱呈现不同的姿势，包括伸展、屈曲和侧展。

腰方肌（见图7.2）也参与扭转和侧屈。这块肌肉正好位于腰椎之下，起始于骨盆和腰椎段的顶部，然后插入最下面的肋骨。这块肌肉可以帮助支撑脊柱，从而稳定脊柱。

多裂肌（见图7.2）就像支撑桥梁的支柱一样，起到支撑脊柱的作用。这种微小但至关重要的稳定肌肉有助于减轻脊椎椎间盘的压力，从而使体重沿着脊柱均匀分布。背部较为浅层的肌肉（如背阔肌和斜方肌），可以保持脊柱挺直，而深层肌群（如多裂肌）可以显著提高脊柱的稳定性。这就是为什么许多核心力量练习都进行"保持"时间较短的练习，以提高肌肉耐力，而肌肉耐力是核心力量的一个重要组成部分。

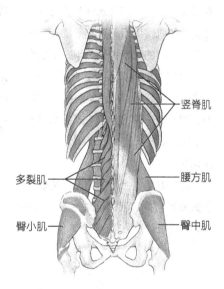

图7.2 后核心肌的肌肉结构

核心练习

当选择要进行的核心练习时，需要考虑自己的训练目标、可用的器械，以及需训练的时间。然后，选择最适合你的核心练习顺序。本节概述了每项核心练习和练习方法。本书第三部分将给出重复次数和练习组数方面的指导。

请记住，对于核心肌肉的练习，重要的不是重复次数和组数，而是你做练习时的正确和精确程度。锻炼核心肌肉的时候要精确和准确。这些肌肉会响应细微的、低强度的、持续时间长的运动和运动模式，所以一定要做好每一个动作和模式。

腹部进阶系列

腹部练习是一系列难度逐步加强的练习的集合。如果你发现某个练习进阶太难了，只需回到你已经掌握的那一部分，慢慢地把那些较难的动作融入练习。你可以通过尝试一些更难的动作来做到这一点。开始的时候，可以做一两个较难的动作，然后后可以做三四个，最终，你能做到10~12个较难的动作。此项练习主要训练上腹部和下腹部的肌肉纤维。

练习1

仰卧在垫子上。使腹部肌肉贴近脊柱（看着像一个大括号），双脚放在地板上，与髋同宽。手指尖贴放在头部，置于耳后（见图a），手指轻轻触摸头部即可。因为此练习的力量来自腹壁的肌肉组织，而不是依靠撑起头部和颈部的双手提供力量。在整个练习过程中要持续呼吸。收缩腹壁，让你的胸腔靠近髋部（见图b）。缩短髋部和胸腔之间的距离，并将此视为一次重复。

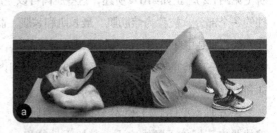

练习2

仰卧在垫子上。使腹部肌肉贴近脊柱（看着像一个大括号），将你的脚从地板上抬起，使膝关节屈曲90度（见图a）。将指尖放在头部，就在耳朵的后面。执行与练习1相同的动作，收缩腹壁（见图b）。

练习3

在垫子上保持面朝上的仰卧姿势，注意从下腹部区域开始练习。双脚向上伸直，脚尖朝上，手臂向外伸展，使身体呈T形（见图a）。保持双腿向上伸直，尽可能地抬高骨盆（见图b）。你最多能让骨盆离开地面几英寸。抬高骨盆时要加以控制，不要让头部或肩部抬起，注意力应放在抬高骨盆上。

普拉提卷腹

此项练习的重点是腹直肌和身体前侧深层的核心肌群，同时还能拉伸背阔肌和腘绳肌。面部朝上，仰卧在垫子上，手臂放在头部上方（见图a）。将肩胛骨固定在背部，肋骨向下。不要让胸腔外突，而是向内收。双臂举过头部上方，抬起身体，让头和双臂向双腿靠拢，下巴放在胸部，同时开始用力把肩胛骨向上拉，使其远离垫子（见图b）。

想象把脊椎从垫子上向上抬起，椎骨逐节地抬起。当身体抬起时呼气，加深腹部曲线。保持肋骨向下拉并聚集在前面，通过一个平稳的动作，让身体上升和下落，然后用手去触碰脚趾。眼睛向下看，头部与脊柱始终呈一条直线。理想情况下，你的腿应该是伸直的，通过脚跟发力，但膝关节稍微屈曲也是可以接受的。

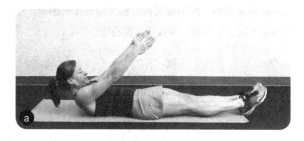

V字两头起（船式）

此项练习可以改善你的体态，重点训练深层核心肌肉的静态力量和耐力。坐在垫子上，收缩腹部肌肉，抬起双腿，使髋关节屈曲约45度，膝关节屈曲90度。手掌放平，手心朝下（见图a）。手臂水平向前伸，或者伸向小腿（见图b）。保持脊柱挺直。保持V字形姿势几秒。刚开始的时候，尝试保持3~6秒，当你变得更强壮时，可以保持这个姿势更长时间，保持10~15秒。

站姿俄罗斯转体

此项练习可以在横向转体的同时增强核心肌肉，尤其是腹斜肌。站立，手握一个轻便的壶铃或药球（见图a）。使壶铃和药球靠近身体，用力扭转身体（见图b）。保持脊柱挺直，将肩部拉向背部。如果感觉稳定髋部和骨盆很困难，可以加大双脚间距。注意腰部的运动，保持腿部有力且可控，并保持髋部稳定。

侧平板支撑

此项练习运用了横向的核心肌肉，并使其与肩胛骨肌肉相配合。侧躺在垫子上，手放在肩关节下方，双腿伸长，保持身体稳定（见图a）。抬起身体，保持这个姿势10秒（见图b）。降低身体，换另一侧做同样的动作。如果以手撑地面时感到肩关节难以支撑，可以降低身体，让肘部和前臂着地，并分开双脚，使上侧腿位于下侧腿前方的地面上。

仰卧蹬车

此项练习运用了腹斜肌，主要专注于核心控制。面朝上躺在垫子上，左膝向胸部靠拢，右腿伸直（见图a）。将手指放在头上，放在耳朵的后面，以获得轻微的支撑。然后，用左臂肘部触碰右膝，再用用右臂肘部触碰左膝（见图b）。动作要缓慢、准确，注意力集中在腰部的移动上。试着控制你的骨盆区域，不要让身体在垫子上移动太多。

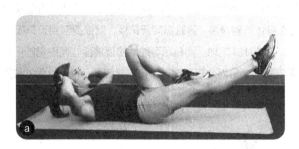

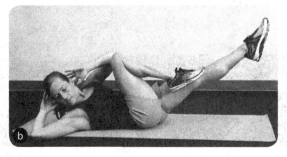

仰卧侧身蹬车

此项练习运用了腹斜肌和核心区域的深层肌肉。面朝上，躺在垫子上，左膝向胸部靠拢，右腿伸直（见图a）。手指放在头上，就放在耳朵的后面，以获得轻微的支撑。然后，用右臂肘部触碰右膝，再用左臂肘部触碰左膝（见图b）。动作要缓慢、准确，注意力集中在腰部的移动上。尝试着控制你的骨盆区域，不要让身体在垫子上移动太多。

雨刷式

此项练习在身体作横向平面移动时运用了核心肌肉。面朝上躺在垫子上，双腿在髋部上方向上伸展，双臂在身体两侧伸展。脚趾指向天花板，就像要够到天花板一样（见图a）。缓慢地向右移动双腿，不能让其落地，而是尽可能地接近地面，同时仍能把它们拉回到起始位置（见图b）。然后向另一侧重复此双腿动作，将双腿降低到接近地面的位置。双腿交替向两侧移动。

仰卧时钟式

此项练习挑战的是核心肌肉、上腹部肌肉和下腹部肌肉的协调性。面朝上躺在垫子上，双腿向上完全伸展，脚趾指向天花板，手臂向身体两侧伸展（见图a）。双手放在地面上，以获得更多的支撑。保持脚趾指向前方，双脚一起沿顺时针方向移动，如图b所示，集中注意力，先将双脚指向12点方向，然后准确地移动到3点方向，然后是6点方向，再到9点方向，最后回到12点方向结束练习。逆时针方向重复上述动作。控制双腿，从骨盆和髋部开始进行圆周运动。

瑞士球滚动

此项练习的重点是腹直肌和核心稳定肌群。开始时双膝触地，将一个瑞士球放在握紧的拳头下（见图a）。向前滚动瑞士球，伸展身体和手臂（见图b），然后再将瑞士球滚回到起始位置。

瑞士球斜前滚动

　　此项练习可以锻炼腹斜肌和核心肌肉。开始时双膝触地，将一个瑞士球放在握紧的拳头下（见图a）。将瑞士球缓慢向一侧滚动，身体转向瑞士球滚动的方向，同时呈一定角度拉长身体（见图b），然后将瑞士球滚回起始位置。换另一侧重复上述动作，然后再回到起始位置。

平板支撑

　　此项练习能够加强双臂与核心肌的联系。开始时，像要做一个完整的俯卧撑一样双手撑在垫子上。使躯干向前移动，直到肩部位于手腕上方。在整个过程中，身体从头到脚后跟要成一条直线（见图），保持这个姿势，不要让身体中部向下塌陷。

俯卧撑-平板支撑

此项练习将胸部肌肉与核心肌结合在一起。开始时，身体在垫子上方呈平板支撑的姿势，双手位于肩部下方，手指展开，肘关节伸展，双脚分开，与髋部同宽（见图a）。膝部放在地面上（见图b），做一个俯卧撑（见图c）。然后，伸展膝关节，回到起始位置。

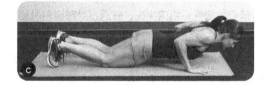

仰卧平板支撑

这是一个非常具有挑战性的练习，可以发展身体后面的肌肉，增加胸部和肩部的柔韧性。在垫子上坐直，双腿向身体前方伸展，双手轻放在身后，手指朝前（见图a）。抬起身体，向上抬起臀部，直到手臂完全伸展（见图b）。保持这个姿势的时候要尽可能地拉伸脊柱。

TRX平板支撑

此项练习可以锻炼肩部与核心肌的力量与耐力。俯卧于垫子上，背对TRX锚点，将皮带调整到小腿中部的高度。脚趾放进脚蹬，双手放在肩部正下方。准备好后，将膝部抬离地面，身体呈平板支撑的姿势（见图）。保持肩部向后拉，通过收紧核心肌肉，防止背部下垂。如果做这个练习的时候感觉前臂太过吃力，可以尝试将前臂放在垫子上。

TRX侧平板支撑

此项练习能够通过核心力量提供肌肉平衡，并通过针对腹斜肌的更高要求来挑战身体。俯卧于垫子上，背对TRX锚点，将皮带调整到小腿中部的高度。脚趾放进脚蹬，上侧腿的脚尖轻轻抵住下侧腿的脚跟，呈前后排列式。左侧肘部位于肩部正下方，保持身体对齐。准备好后，将臀部抬离地面，保持侧平板支撑的姿势。保持肩部向后拉，通过收紧核心肌肉防止背部下垂。你也可以通过单手撑起来增加难度。换另一侧做此项练习时，从下方"滚动"到另一侧。如果"滚"过头，脚可能会从脚蹬里出来。如果想增加挑战，将上侧腿靠近下侧腿跟腱部位，呈前后排列的姿势（见图）。

TRX悬挂式

这项运动要求上半身与核心都非常稳定，能够强化腹部和肩部。面朝下躺在地面上，背对TRX锚点，皮带调整到小腿中部的高度。脚趾放进脚蹬，双手放在肩部正下方。准备好后，将膝部抬离地面，使身体呈平板支撑的姿势。臀部抬起，指向天花板，激活股四头肌（见图）。不要屈曲膝关节。当身体呈悬挂状时，要垂下头，以防止过度挤压颈部。

TRX卷腹

这项练习测试的是核心肌和下身力量，会随着速度和重复次数的增加，使身体面临无氧挑战。面朝下俯卧于地板上，背对TRX锚点，皮带调整到小腿中部的高度。脚趾放进脚蹬。将双手放在肩部正下方。准备好后，将膝部抬离地面，使身体呈平板支撑的姿势。从这个姿势开始，将膝部拉向胸部（见图），在此过程中，要收缩腹部并稍微抬起臀部。

TRX侧卷腹

这个练习在动作和核心挑战方面类似于卷腹，但增加了旋转和核心部位的移动，使胸部和肩关节的稳定性面临更大挑战。面朝下俯卧在地板上，背对TRX锚点，皮带调整到小腿中部的高度。脚趾放进脚蹬，将双手放在肩部正下方。准备好后，将膝部抬离地面，使身体呈平板支撑的姿势。从这个姿势开始，将膝盖拉向肘部和胸部，并对这一过程加以控制（见图）。在此过程中，收缩腹部，略微抬起臀部，以便充分运用核心肌。

现在，你已经熟悉了第10章和第11章中介绍的练习计划中的核心练习。按照文字描述并参照对应的图片，你就可以轻松重复每项练习。请记住：要花时间做练习，并根据需要进行适当调整。此外，在第10章和第11章的练习计划中，我们为你提供了练习的负重、练习组数和重复次数。你应该根据具体的指导原则，尊重身体，并接受自身当前的健康水平、技能水平、竞争力和能力。你有足够的时间去学习对你来说可能是全新的或者特别有挑战性的练习项目。技巧要比重复次数或者你能坚持多久更为重要，尤其是在核心练习中。最重要的是要记住，运动就像是一段旅程。慢慢来，好好享受！

第三部分

针对女性的力量训练方案

第 **8** 章

开始力量训练

本章不仅会探讨你目前的健身水平，还会结合你的力量训练，规划你的发展方向。要开始一项精心设计的健身项目，需要做出承诺，投入精力，还需要掌握运动科学的有效信息。本章将提供一些技术，指导你通过设立可测量、可达到和可追踪的目标，从精神上做好准备。此外，本章还将介绍一些评估方法，你可以用这些方法确定你目前的健身水平，帮助你制订下一步的计划。你将学习如何利用通过这些技术获得的信息，如何用它们来追踪进度并保持干劲。

让思想和身体做好准备

对大部分女性而言，决定开始健身训练是很重要的一步。对某些人而言，心肺练习和小重量的力量练习是她们的日常训练内容。但是，在重复进行一段时间的心肺练习和力量练习后，她们发现这些练习不如开始时那么有效了。效果不佳（有时还身心疲惫）是消磨意志和动力的大敌。甚至最成功的运动员都承认心理因素在其运动表现中起到了很重要的作用。

很多业余运动员和健身爱好者认识到，从某种程度上讲，她们的想法和情绪与坚持锻炼的能力一样，也会影响健身效果。开始严格的力量训练并一直坚持，直到获得成效，这些都需要付出很多的努力。我为你迈出这一步而喝彩。意识（尤其是潜意识）拥有让我们更强壮、肌肉饱满、更矫健、更有力甚至更快乐的巨大力量。我们的内在世界创造了外部世界，我们的意识决定了我们将会获得的成就。因此，开始进行力量训练不仅能让你的身体变得更强壮，还能使你的精神更强大。

设立可达到、可测量、以行动为导向的和能够实现的目标。

从体能测试开始，获得关于你目前健身水平的数据。基于这些数据，确定你想要达到的目标（比如减脂、增加肌肉）。挑选书中提供的健身项目，它们可以帮助你达到目标，然后确定你的进度表，记录你做锻炼的日期、所做的练习、做练习所用的时间，以及你锻炼后的感觉。

运用观想和想象来创造关于目标的坚定、清晰的精神图像。

想象你自己已经获得了理想的身材，想象在每年的体检中都获得了更好的成绩，身心都得到了改善。

用积极肯定的话语强化心理图像。

写下积极的话语并张贴在你的房间、汽车或办公场所。这些话语要简洁，你可以把它们作为座右铭，例如"我强壮、我能行、我有决心、我会成功"等。

积极聚焦于目标。

不要让消极的思想阻碍你实现目标。例如，如果你发现自己的体重上升了，就现实一点。肌肉比脂肪更重，所以很可能是你减掉了脂肪，获得了肌肉。此外，如果出于某些原因，你连续几天都无法锻炼，请不要担心。一般连续六周的中断才会让你的健康水平有所下降。所以你需要做的就是保持积极心态，尽快恢复锻炼。

我们已经考虑了如何在精神层面为健身做好准备，下面将介绍如何在身体方面做好准备。所有锻炼项目的目标都是系统化地强壮身体，增强运动能力。锻炼仅在强迫身体适应运动强度的时候才有效。你会看到，当你在健身项目中加入适当强度的压力时，效果就会十分显著。你目前的健康水平大致上是你训练水平的反映。你必须先要明确你目前的健康水平，才能明确接下来的锻炼目标。

评估健康水平

体能测试不会解决运动技巧或能力问题，而是侧重于你目前健康水平的特定数据。无论你的目标是身体更健康、更多肌肉、更大力量，还是减脂，了解你当前的健身水平都有助于改进你的健身项目中可能目前效果不佳的健身方法。

"体能测试"这个术语是指评估体能而非力量的5个主要领域。美国运动医学会（ACSM）将体能定义为以下几个组成部分，在开始健身项目之前，应该对它们进行测试，还应在常规练习项目中定期测试它们，以确定项目进度。体能测试的组成部分是：心肺功能（包括静止和进行运动时）、肌肉力量、肌肉耐力、体成分（肌肉与脂肪的比例），以及肌肉和关节灵活度。将你目前的健康水平与标准水平（特定于年龄和性别）进行对比，能让你清楚健身项目应始于何处，还能帮助你明了已经取得了多少的进步，以及还要再取得多少进步才能达到你的健身目标。

肌肉如何对力量训练做出反应

在力量训练过程中，你经历的最显著的变化将是生理适应，比如心肺适能得到改善，肌肉力量和耐力增强，体脂百分比有所降低，非脂肪组织随之增加。例如，假设你是一个入门的跑步练习者，你可以采用走和慢跑交替的方式进行跑步训练，以逐步适应增加的运动强度和运动量。身体通过改变肺部输送的氧气量、肌肉对运动刺激的反应方式，以及身体使用能量的方式来适应增加的运动强度和运动量。当你对跑步越来越熟练的时候，你的肌肉就会通过更有效地将氧气和营养转化成能量的方式来适应跑步所带来的变化。因此，你能跑更长的时间而不会变得疲劳或气喘吁吁。

对力量训练的生理适应分为两种：肌肉力量的增强和肌肉体积的增加。肌肉体积的增加和力量的增强往往是同时发生的，但也有可能其中一种增强效果比另一种更加明显。了解哪些类型的训练导致肌肉力量增强，哪些类型的训练则使肌肉体积增加，这会帮助你理解如何变得更强壮和更魁梧。

最初，力量的增加主要是由于运动学习，主要是神经系统的适应：人体神经掌握了如何更有效地运用肌肉。当你采用较重的重物进行力量训练时，肌肉会因为神经系统的变化而变得更强壮。重复练习会有效地激活所涉及的运动组织，让你不断变得强大。

第二种生理性适应则是肌肉尺寸（体积）的增大。肌肉增大分为两种类型：肌浆增大或肌原纤维增大。肌浆增大时，肌细胞内的液体量会增加。这种适应发生在当你采用以亚极限负荷（这是高强度训练，举重运动员最常做的类型）进行有限的次数（一般为8~12次）的运动之后。当进行几次举重后，立刻检查肌肉，就会注意到肌肉的大小稍有增加，这是周围肌肉纤维获取更多肌浆的结果。

另一种类型的肌肉增大是与神经适应相互配合的，使肌肉变得强而有力，体积却没有增加多少。这种肌肉增大称为肌原纤维肥厚；是肌肉纤维本身发生了变化，肌纤维分为肌动蛋白和肌球蛋白，是使肌肉能够收缩的蛋白质。收缩蛋白数量的增加会导致肌肉质量和横截面积的增加。

综上所述，力量训练引发的适应过程使肌肉力量得到了增强，这是由于神经系统的刺激导致肌肉纤维的增加，肌纤维体积的增大是由于肌浆或肌球蛋白的增加。

体能测试并不能提供体能和健康方面的绝对数据，但它能提供关于你目前健身领域的一些可靠且有用的信息——哪些方面是你的强项，哪些是你的弱项。你可能有很强壮的肌肉，但需要提高有氧运动能力。你可能有一个健康的体脂百分比，但你想增加非脂肪组织（肌肉）的重量。根据练习者目前的健身水平，每个人都有一个独特的训练计划切入点。

在开始第10章和第11章中介绍的任何力量训练项目之前，建议你采用下面介绍的测试方法来评估你当前的健身水平。如果你对目前的健康状况有任何疑问，在开始或进行任何健身计划之前，请先咨询一下医生。还要注意的是，许多健身中心都提供了心肺功能测试，有些是免费的，有些是象征性地收点费用。至少，你需要从私人教练那里购买一次训练课程。

出资让健身专家给你做一次全面的体能测试是值得的。初始测试可以确定你当前的健康水平，这样你就可以将未来的测试结果与这些测试结果进行比较。如果你即将开始一个新的训练计划或一个新的循环周期（训练周期将在第9章进行详细介绍），这些基础数据尤其重要。后续测试可以安排在新周期结束或开始时。虽然建议你开始时通过有资质的健身专家进行体能测试，但是，一旦你建立了测试数据，你就应该能够进行自我评价，并对自己的体能测试更有信心。

本章中概述的体能测试将帮助你评估多项能力，包括心肺健康、肌肉力量和耐力、身体成分和柔韧性。获得关于你目前的健康水平的一份基于数据的报告，将会帮助你更好地改善你的整体健康水平。

心肺健康评估

心肺健康评估也被称为运动耐力测试。了解你的有氧运动的耐力，可以帮助你测量可以采用的锻炼强度的极限范围。运动耐力测试是评估你当前的心肺健康水平的一种有用的方法，可以帮助你确定可以接受而且应该采用的强度等级。

运动耐力测试可以确定你的最大摄氧量，最大摄氧量代表了你在运动过程中的最高有氧代谢速率。当你在进行分级运动测试时一直运动至感到意志疲劳的时候（比如当你因无法坚持而不得不停止运动时），此时测得的最快心率就是最大心率。最大摄氧量通常是指每分钟吸入的氧气量（以升为单位），或每千克体重每分钟消耗的氧气量。最大运动强度测试是确定心血管和呼吸系统在压力下的最大能力的最佳方法。不幸的是，除了测试者在测试期间需要付出最大的努力之外，这种测试还需要专业的、昂贵的设备。这种方法通常局限于医院和研究机构，而且通常需要在有受过高级心脏复苏培训的医学专业人员在场的情况下进行。

因为最大运动强度体能测试通常很难进行，所以常常用次最大运动强度测试来代替它。目前已经开发了一些方程式来通过次最大运动强度体能测量计算最大心率。因此，次最大运动强度测试提供了一个合理准确地预测最大运动强度的方法，以确定适合你当前的健康水平的合适的运动强度。

次最大运动强度测试基于根据年龄预测的心率和将要进行的心肺运动之间的线性关系。次最大运动强度心率测试基于随着心率的增加，耗氧量也会随之上升的假设。

因此，可以通过这种线性关系计算出最大心率。通过以下公式，可以根据次最大运动强度心率预测出最大心率。

220-（你的年龄）=（你的预计最大心率）

出于某些原因，这个公式的误差范围高达15次心跳。其中一个原因是没有考虑个人的静态心率。这一点很重要，因为静态心率关注测试者的健康水平，而不关注其年龄。例如，我们可以将一个40岁的精英级马拉松运动员和一个40岁的严重缺乏运动的人进行比较，结果两者预测出的最大心率是相同的，这个结论显然很荒谬，因为他们显然没有相似的健康水平。因此，如果最大心率高估或低估（在严格按照年龄采用最大心率的情况下），那么最大运动量和最大耗氧量也会高估或低估。然而，尽管根据年龄预测的最大心率可能存在一些误差，但次最大运动强度测试已被证明是准确而且可复制的。不过请记住，次最大运动强度测试的有效性取决于以下几个假设。

- 每个练习负荷都可以得到稳定的心率。
- 在心率、耗氧量和练习负荷之间存在一种线性关系。
- 给定年龄的最大心率是可以预测的。
- 身体活动的生物力学效率（比如给定练习负荷下的耗氧量）对每个人来说都是一样的。

不过，要进行符合上述4种假设的所有要求的体能测试通常是相当困难的。例如，在给定练习负荷的情况下，仅需几分钟就可以让许多人达到真正的稳定状态。为了确保已达到某种稳定状态，需要在给定练习负荷的情况下进行两分钟的练习，然后测量心率，随后在采用相同练习负荷的情况下完成第3分钟的练习，然后再次测量心率。对两次测量的心率进行比较，如果两者之间存在每分钟超过5次心跳的差异，那么测试者应该休息1分钟，然后继续以相同练习负荷进行练习，直到连续两次测量的心率差值不超过5次。同样重要的是，获得的次最大心率为115~150次，因为研究表明，对大多数健康的成年人而言，在这个心率之间，心率与耗氧量之间存在线性关系。

以一个最佳次最大运动强度测试，即布鲁斯跑步机测试为例。这将帮助你找到对你的目标来说最适合的心率训练区。

布鲁斯跑步机测试

布鲁斯跑步机测试主要用于评估心肺健康程度及其功能。这项测试由罗伯特·布鲁斯博士于1963年设计，最初用于评估心脏病患者。该测试是测试最大摄氧量的一个十分流行的方法，而且该指标与有氧耐力密切相关。

这项测试要求测试者在跑步机上尽可能长时间地奔跑。跑步机的速度和斜度会按照限定的时间间隔（3分钟）增加。在每个间隔结束时，跑步机的速度和斜度都会增加，直到测试者无法再完成练习。以下是测试过程。

- 在练习开始之前，手动或用心率检测仪测试静态心率（请参见心率测试部分获取详细信息）。
- 首先进行热身，在跑步机上以2.4~2.7千米/小时的速度慢走5分钟。在进行测试时，不要紧握扶手。
- 将跑步机的速度设定为2.7千米/小时，或将斜度设置为10%，然后开始测试。
- 每隔3分钟，就增加跑步机的速度和斜度，如下所示：
  间隔1： 斜度为10%，速度为2.4千米/小时。
  间隔2： 斜度为12%，速度为4千米/小时。
  间隔3： 斜度为14%，速度为4.8千米/小时。
  间隔4： 斜度为16%，速度为6.4千米/小时。
  间隔5： 斜度为18%，速度为7.2千米/小时。
  间隔6： 斜度为20%，速度为8千米/小时。
  间隔7： 斜度为22%，速度为8.9千米/小时。
  间隔8： 斜度为24%，速度为9.7千米/小时。
  间隔9： 斜度为26%，速度为10.46千米/小时。
  间隔10： 斜度为28%，速度为11.3千米/小时。
- 当你无法再继续跑的时候，或者你的心率超过最大心率的85%的时候，停止测试。最大心率是用之前提供的220-年龄的公式计算出来的。
- 休息3~5分钟，或者直到你的心率达到100次/分钟或更低。

因为布鲁斯跑步机测试旨在让你几乎达到最大强度水平，所以你必须不停地跑，直到你太累而无法坚持为止。最大摄氧量可以通过将在跑步机上坚持跑的总时间输入到一个公式中计算出来（例如，将9分30秒输入公式，获得的最大摄氧量为9.5）。对于女性，计算公式如下所示。

$$4.38 \times \underline{\qquad}（时间）- 3.9 = 最大摄氧量$$

再次使用9分30秒作为例子，可以获得以下公式。

$$4.38 × 9.5（时间）-3.9= 41.61 - 3.9 ≈ 37.7$$

然后，你可以将你计算出的结果与表8.1中所示的值进行比较。

表8.1 女性心肺功能测试标准*

	年龄			
	20~29岁	30~39岁	40~49岁	50~59岁
卓越	>49.5	>47.3	>45.2	>40.9
完美	43.9~49.5	42.4~47.3	39.6~45.2	36.7~40.9
优秀	39.5~43.8	37.7~42.3	35.9~39.5	32.6~36.6
一般	36.1~39.4	34.2~37.6	32.8~35.8	29.9~32.5
较差	32.3~36.0	30.9~34.1	29.4~32.7	26.8~29.8
很差	<32.3	<30.9	<29.4	<26.8

*以毫升/千克/分钟为单位的最大摄氧量。

（源自：Physical Fitness Assessments and Norms for Adults and Law Enforcement.）

找到你的训练区间

从你的训练中获得最大好处与你的运动心率有关，你可能已经通过找到你的次最大强度运动心率获得了最大好处。在进行心肺功能练习时，最好在三个训练区中进行。首先，确定你认为是容易、适度和困难的运动强度，然后找出与这三个训练区相对应的心率范围。

关于选择哪个训练区来达到最佳训练效果，人们有不同的看法。你需要根据自己的目标确定哪个训练区适合你。建议使用心率监测器来监测你的心肺训练计划。使用心率监测器的理由有很多，但最重要的是，你可以确保你没有过度训练或训练不足，另外使用心率监测器还具有激励效果。

如果你不想选择使用心率监测器来确定你的训练区，可以拿出纸笔，自己计算心率。在这种情况下，有一个公式可供你使用。要计算你的心率区域，首先需要知道你真正的静息心率。虽然在跑步机测试开始时，你的心率就是静息心率，但这并不是真正的静息心率。确定真正的静息心率的最佳方法是，在连续三个早晨醒来时，立即记录下你的心率，然后计算三个值的平均值。如果无法做到这一点，可以在平静、放松的某一天，记录一下你的静息心率。

一般情况下，40~60次/分钟的静息心率意味着较高的健康水平（在没有任何药物或医疗干涉的情况下）。静息心率为60~80次/分钟算是中等健康水平（显然，这个范围越低越好）。静息心率超过80次/分钟通常意味着测试者是久坐不动的人，有患上某些慢性疾病的风险，比如吸烟者、严重缺乏锻炼的人，或是患有疾病的人。

测量心率

可以通过心率监测器或手动方式在靠近动脉、能感觉到脉搏的任何地方测量心率。最常见的手动测量心率的地方是颈部（颈动脉）和腕部（桡动脉）。你应该用你的其他手指去测量脉搏，而不是用你的拇指，因为有时你通过自己的拇指就能感觉到你的脉搏。

- 如果在颈部测量心率，可以将前两根手指放在脖子的两侧进行测量，如图8.1a所示。注意不要太用力，然后数一分钟内的脉搏数。
- 如果在腕部测量心率，可以将你的食指和中指放在对侧手腕上，约在腕关节向内0.5英寸处，两指平齐，如图8.1b所示。一旦找到脉搏，就可以测量一分钟内感觉到的脉搏数。

为了获得更准确的心率测量，你可以选择使用心率监测器，如前面所述。有时，做练习中的某些动作会使得手动测量心率变得很困难，而心率监测器有助于获得更清晰的结果。心率监测器还可以记录心率在短时间内的变化。

心率监测器包括一个在胸前佩戴的发射器和一个戴在手腕上的接收器。每次心脏跳动时，都会有电子信号通过皮肤发射出去。放置在靠近心脏的皮肤上的传感器会接收这个信号，再将包含心率数据的信号发送到手腕接收器，由后者显示出来。简单的心率监测器只有在给定时间显示心率的功能。更精密的监测器可以记录时间，计算平均心率和最大心率，甚至在达到或超过预定的心率区时发出警报。

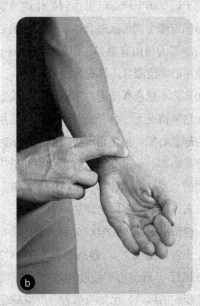

图8.1 在不同部位测定心率：a.颈部；b.腕部

测出你的静息心率后，可以将它代入下面的卡诺温公式里，计算出你的训练区（请记住，心率监测器可以为你做这项工作）。

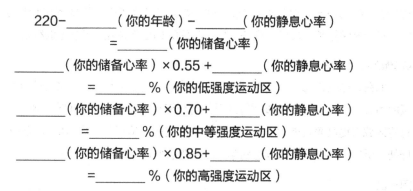

例如，我们假设一位30岁女性的最大心率为190次/分钟（220 – 30 = 190）。但这个"220 – 年龄"的公式无法根据该女性目前的健康水平来确定她的心率。而卡诺温公式可以通过寻找她目前的静息心率来纠正这个不足。请记住，现在的静息心率是你通过连续三个早晨的脉搏的平均值计算出来的。

当你第一次开始做有氧练习时，应该在锻炼的时候定期测量你的脉搏。例如，每隔3~5分钟，就可以监测一下你所在的训练区。当你在低强度训练区（即训练很轻松的区域）、中等强度训练区和高强度训练区有了经验，知道在这些训练区训练时的感觉，你就不再需要依赖心率测量了。你可以简单地使用一种称为自感劳累分级（RPE）的评分方法，这是一种简单快速地测量锻炼过程中的练习强度的方法。它基于你活动身体时的身体感觉，包括心跳加速、呼吸频率增加、出汗和肌肉疲劳。虽然这是一种主观的测量方法，但你的自感劳累分级可以为你在身体活动中的实际心率提供一个很好的估值。我经常和我的客户一起使用RPE，因为他们很容易从他们感受的强度中推断出他们实际的运动强度。RPE等级如图8.2所示。

1级：根本没运动
2级：非常低的强度，一整天都可以保持这个强度
3级：仍然使人感到很舒适，但呼吸频率有所增加
4级：有一点出汗，但可以轻松进行交谈
5级：有一点不舒服，出汗增多，还能轻松说话
6级：还能说话，但有点喘不过气来
7级：还能说话，但真的不想说话
8级：可以回答问题，但只能在短时间内坚持这种节奏
9级：非常紧张的节奏，坚持几秒或几分钟后就无法承受
10级：极其紧张的节奏

图8.2 RPE等级

对于大多数训练，你可能希望采用5级或6级的强度（中等强度）。如果你在做间歇训练，你的训练强度应该是恢复阶段在4级或5级左右，而间歇性强度应该在8级或9级左右。从强度等级表中可以看到，在大多数训练中，不推荐在10级强度进行锻炼。对于时间较长、较慢的训练，应该将你的RPE保持在5级或更低级别。

训练区内的训练

现在，你应该已经较好地理解了如何确定你的个人训练区、你在某个特定训练区域内的心率是多少，以及该训练区对你的训练有何影响。让我们来了解一下如何利用这些区域来提高表现能力、减轻体重或增加健康。请记住，所有的训练区都有特定的好处，所以你不必认定只有达到第三区才能取得好成绩。

第一区

这个训练区是通过快步走，或者以舒适的步伐进行适度慢跑来达到的。这个区域的训练能使你的身体提高脂肪燃烧的速率。有些人将这个区域称为脂肪燃烧区，因为在这个区域消耗的总热量中，有85%是来自脂肪热量。为了燃烧更多的卡路里（这对减肥很重要），你的锻炼强度可以多集中在这个区域。在这个区域的训练还有助于提高基础耐力，增强维持更高强度水平的能力，并使你在没有过度疲劳感和肌肉酸痛感的情况下进行更长时间的有氧运动。你的身体现在可以为肌肉提供更多的氧气，并分解储存脂肪的细胞，从而燃烧更多的热量来消融脂肪。

第二区

第二区是通过相对较快的持续运动（如45~60分钟的运动）来达到的。这一区域的训练可以大大提高你的整体生理机能。当你增加肺活量和呼吸频率时，你的血管数量和容量实际上会增加。你的心肌的大小和力量也会增强，这样你就可以在疲惫感来临之前锻炼更长的时间。你仍然在以1∶1的比例代谢脂肪和碳水化合物，这意味着它们的燃烧比例是相同的。许多人达到这个区域时，会感觉他们好像终于达到了一个既有挑战性又富有成效的有氧健身水平。我为你能达到这个阶段而喝彩，但你需要冒险进入下一个区域（至少在一定的时间内），以提高表现能力，增加力量，燃烧更多的脂肪并增强耐力适应性。

第三区

这种强度是需要一定的努力才能达到的。第三区的训练使你能够变得更快更健康，当你从有氧训练过渡到无氧训练时，你的心率会增加。此时，你的心脏不能泵出足够的血液和氧气来提供给肌肉，所以它们会继续进行无氧收缩。结果，由其他代谢物（ATP-PC和葡萄糖）帮助产生能量。产生能量的地方可能会让你有"燃烧的感觉"。你只能在这个区域坚持有限的时间，但随着你的有氧运动时间的增加，你将能够保持这个水平。在这个区域进行间歇训练将会提高你的速度、力量和耐力，这意味着应该在确定的时间内混合进行高强度训练和较低强度训练。尝试在第三区采用更短的运动间歇。在我看来，间歇训练是在不过度训练的情况下进行强度锻炼的最佳方法之一。

肌肉健康评估

肌肉健康评估的两个组成部分是肌肉力量和肌肉耐力。适当的肌肉力量和耐力对获得最佳健康（和运动表现）、增加肌肉组织、获得更好体形和日常生活正常运转非常重要。从健康角度讲，足够的力量和耐力可以帮助我们避免在日常生活中受伤或过度疲劳。从运动表现的角度讲，两者都是在娱乐运动和健身活动中取得好成绩所必需的。

肌肉耐力是指在一段较长的时间内，能够在不疲劳的情况下，持续施加次最大力量的能力。肌肉力量是肌肉或肌群产生最大力量的能力，或是一次施力过程中能够产生的最大力量，这也被称为一次最大重复次数（1RM），即只能完成一次的最大重量。我们通常不会选择在1RM上运动，因为很难确定每个肌肉群的1RM是多少。但是这一概念对于奥运会的举重运动员来说非常重要，例如，运动员需要一次就能举起非常重的东西。我们想要提高我们的整体力量和耐力，但要通过评估1RM做到这一点，然后执行多次重复练习，比如8次、10次，甚至是12次，以获得我们想要得到的好处。这样做的好处包括增加肌肉力量和耐力，提高耐力，增加肌肉维度。

这里包含的肌肉健康测试可以帮助你确定现有的力量和耐力水平，这样你就有了一个初步的基准，便于你再次测试时做对比。你可以将你最初的测试结果与你在增强肌肉力量和耐力后取得的成绩进行比较。

力量和耐力是特定于将被测试的肌肉群、收缩速度、收缩类型和关节角度的。虽然肌肉强度测试与肌肉耐力测试不同，但肌肉耐力的某些部分可以在一定程度上测量力量。这一点很重要，因为很难安全、方便、快速地确定真正的1RM肌肉力量。但是，了解你的1RM或者至少对它有一个很好的估计对优化训练非常重要。要获得最佳的训练效果，需要在不低于你最大训练量的75%的强度下进行肌肉耐力锻炼。因为要对每个肌肉群的1RM做出很好的估计很困难，所以你可以从"选择正确的负重"部分中获得一些建议。

两种易于自我管理的肌肉耐力测试方法是仰卧起坐测试和俯卧撑测试。两者测试的都是肌肉相对于体重的耐力情况。另一种耐力测试方法是卧推测试，因为这个测试使用了一个标准化的重量，测量结果不会像仰卧起坐和俯卧撑测试那样，随体重的变化而变化。

选择正确的负重

在训练过程中，可能会使用各种器械，比如绳索、自身体重和哑铃。所有这些都是开始常规力量训练的有效工具，建议结合使用多种器械，以使训练多样化并熟悉各种器械。然而，你可能仍会质疑你选择的负重应该是多少，尤其是在使用各种器械的时候。

正如我在前几章中提到的，许多女性在力量训练中选择的负重太轻了。如果你被要求做12次重复动作，而你选择了一个能让你轻松完成12次重复动作后还能毫不费力地再做20次重复动作的负重，这说明你选择的负重太轻了。因此，显然，在无氧能量系统的范围内，使用足够的阻力来产生合理程度的肌肉疲劳至关重要。针对女性如何选择正确的负重，美国运动协会提供了以下建议："负重太轻，能持续2分钟以上的训练是一种低效的运动技术，为肌肉发展带来的好处有限。"

为了确定使用任何一种器械时适合的重量，你最开始时选择的重量应该是能使你保持良好姿势并且对于你来说是可控的，然后开始试验重量。为了锻炼肌肉，你需要使用比你的肌肉平时习惯的阻力更大的阻力。这意味着你应该选择足够大的重量，使你能完成所需的重复次数，并能艰难完成最后的重复次数，而仍能保持良好的姿势。初级、中级和高级练习建议的初始重量如下。

初级

- 上肢：8~12磅
- 下肢：10~15磅

中级

- 上肢：10~15磅
- 下肢：12~20磅

高级

- 上肢：15~25磅
- 下肢：20~40磅

请记住，这些只是基本的建议。你可能会发现，作为一个初学者，采用中级健身者的负重对你可能很合适，或者，你甚至可能准备使用高级健身者所采用的负重。

仰卧起坐测试

这个测试可以测量你的脊柱屈曲能力。换句话说，它测量了你的躯干屈肌的肌肉耐力。在理想的情况下，随着时间的推移，你会变得更强，你在该测试中的成绩会不断提高。

进行测试：仰卧，并且屈曲膝关节，双脚距离髋部约18英寸，你的指尖放在头的两侧，耳朵的后面（见图8.3a）。坐起来的时候，你的肘部应能碰触到膝部（见图8.3b），而在躺下去的时候，肩部应该着地。在做仰卧起坐的向上运动时，不要硬拉头部或颈部。数数你在一分钟内能完成多少个动作。全方位的运动意味着你可以采用良好的姿势持续运动，而且你的双脚没有离开地面。可以请人帮你查看钟表上的秒数或使用秒表。此测试的规范动作参见表8.2。

图8.3　仰卧起坐测试

表8.2　女性一分钟仰卧起坐测试结果（单位：个）对应的肌肉耐力标准

	年龄					
	<20岁	20~29岁	30~39岁	40~49岁	50~59岁	>59岁
卓越	>55	>51	>42	>38	>30	>28
完美	46~55	44~51	35~42	29~38	24~30	17~28
优秀	36~45	38~43	29~34	24~28	20~23	11~16
一般	32~35	32~37	25~28	20~23	14~19	6~10
较差	28~31	24~31	20~24	14~19	10~13	3~5
很差	<28	<24	<20	<14	<10	<3

（源自：Physical Fitness Assessments and Norms for Adults and Law Enforcement.）

俯卧撑测试

俯卧撑测试旨在评估肱三头肌、前三角肌和胸肌的力量。男性和女性的俯卧撑姿势不同。女性使用改良过的屈膝姿势，但其余的测试程序对男女都是一样的。如果你想用女性专有标准来评估测试结果，那么使用修改后的版本很重要。

进行测试：使用改良后的平板式姿势，把双手放在肩部正下方，膝部触地，双脚抬起或放下（见图8.4a）。想象两手拇指之间有一条线，确保胸骨刚好在这条线的正上方。保持身体挺直，胸部降低到离面3英寸以内，在这个高度进行俯卧撑测试（见图8.4b）。你可以在胸骨下放置一个小球（或小哑铃），甚至是搭档的拳头（如果有人帮你做这个测试的话），确保你在每次重复的过程中都能做到动作到位。数数你一分钟内能完成的俯卧撑次数。如果需要休息，可以在撑起身体的时候休息。关于本次测试的女性标准，请参照表8.3。

图8.4 俯卧撑测试

表8.3 女性1分钟改良版俯卧撑测试结果（单位：个）对应的肌肉耐力标准

	年龄				
	20~29岁	30~39岁	40~49岁	50~59岁	>59岁
卓越	45~70	39~56	33~60	28~31	20
完美	36~44	31~38	24~32	21~27	15~19
优秀	30~35	24~30	18~23	17~20	12~14
一般	23~29	19~23	13~17	12~16	5~11
较差	17~22	11~18	6~12	6~11	2~4
很差	9~16	4~10	1~5	0~5	0~1

（源自：Physical Fitness Assessments and Norms for Adults and Law Enforcement.）

体脂：有哪些风险

虽然对大多数人来说，体脂具有负面含义，但脂肪对健康至关重要。储存脂肪的能力使我们的祖先能够在食物匮乏的时候得以生存。今天，脂肪仍然是保持身体机能、热量和保护器官免受创伤的关键。因此，我们需要一定量的体脂。

当我们身体内存储的脂肪过多或不足时，我们就会遇到诸如高胆固醇、高血压、葡萄糖不耐受和胰岛素抵抗之类的健康问题。体脂太少会使女性面临严重的医疗或心理疾病，或者两者兼而有之。体脂百分比太低会导致肌肉骨骼问题和骨质疏松症。它还会扰乱荷尔蒙平衡，导致月经不调。追求极低的体脂也会导致严重的饮食失调，比如神经性厌食症、贪食症或暴饮暴食，这些都对健康有很大的危害。

对于那些脂肪过多的人来说，特别危险的是储存在腰部的脂肪，它们会创造出通常称为苹果型身材的东西。这种脂肪被称为内脏脂肪，其主要功能是保护内脏器官。这种类型的脂肪过多会对内脏器官造成额外的压力，并与许多疾病有关。脂肪组织位于皮肤之下，通常储存在臀部和大腿，形成梨形身材，并使小腿、大腿或手臂上都出现一些脂肪。

身体成分的评估

你知道吗，两个人可以有相同的身高和体重，但却有完全不同的体脂百分比？你是否也意识到，自己虽然很瘦，但身材却不是很好？或者虽然体重很大，但身体很健康？许多想减肥的人往往用浴室的磅秤来记录他们的减肥进展。但这并不是衡量身体成分或体脂百分比的唯一且最准确的方法。身体总重量可以分为瘦体重（也称为无脂）体重和脂肪重量。瘦体重由骨骼、肌肉和器官组成；脂肪由脂肪组织构成。身体成分的评估决定了瘦体重和脂肪量的相对百分比。

正如第1章所讨论的，有各种方法来测量一个人体内所含的体脂量，包括水下称重（涉及陆地称重和水下称重）；生物电阻抗法分析（BIA），包括将电极放置在测试者的手和脚上，以测量通过身体的电流；BMI计算，根据身高和体重来衡量体脂；皮褶测量，涉及在指定地点测量皮褶的厚度；手持式体脂检测器，它根据输入的个人信息提供体脂读数。

在历史上，理想体重是通过身高和体形来评估的，而不考虑体重的构成。因此，肌肉发达的女性往往被视为超重，而过度肥胖的女性被认为是在可接受范围内。练习者因为要减少体脂，增加肌肉重量，而导致体重没有改变的现象并不少见。如果没有对身体成分进行评估，这种有利的变化可能被忽视，导致练习者感到沮丧。一旦你通过第1章的BMI计算（见第12页）或前一小节讨论的方法确定了你的脂肪量百分比，你就可以利用这些信息来确定你的理想体重。

请把你的数据输入以下公式，以确定你的去脂体重。

$$100\%-\underline{\hspace{2cm}}（脂肪百分比）=\underline{\hspace{2cm}}（去脂体重百分比）$$

$$\underline{\hspace{2cm}}（体重）\times\underline{\hspace{2cm}}（去脂体重百分比）$$

$$=\underline{\hspace{2cm}}（去脂体重）$$

例如，让我们假设已经确定一位女性的体内脂肪百分比为23%。要计算这个女性的理想体重，就必须计算她的去脂体重。首先，因为她身体的23%都是脂肪，要确定她的去脂体重，只需要从100减去23得到77，这意味着她身体的77%是去脂体重。然后，假设她的总体重是140磅（63.5千克），你可以用这个百分比的小数形式来得出她理想的去脂体重，如下所示。

$$100\%-23\%（脂肪百分比）=77\%（去脂体重百分比）$$

$$140（体重）\times77\%（去脂体重百分比）$$

$$=107.8（去脂体重）$$

正如第1章所讨论的，大多数女性理想的体脂水平为18% ~ 22%；如今，健康女性的平均体脂实际上约为25%。所以，如果你想要确定体重是否在健康体脂范围内，首先要从100%减去你想要的脂肪百分比，然后除以去脂体重，获得这个百分比的小数形式，如下所示。

$$100\%-\underline{\hspace{2cm}}（理想体脂百分比）=\underline{\hspace{2cm}}（理想去脂体重百分比）$$

$$\underline{\hspace{2cm}}（去脂体重）/\underline{\hspace{2cm}}（理想去脂体重比例）$$

$$=\underline{\hspace{2cm}}（理想体重）$$

请记住，即使体脂在减少，肌肉重量也会增加。在你的锻炼计划中，应该每6周评估一次身体成分和腰围（从"围度测量"部分获得更多信息）。获得的测量结果可以激励测试者，尤其在你的减肥目标主要是减少脂肪的时候。

柔韧性评估

坐姿体前屈测试可以帮助你测量柔韧性，尤其是下背部和腿部肌肉的柔韧性。这个测试很有帮助，因为这个区域的紧绷与腰痛和肌肉紧张密切相关。作为用来测量柔韧性的几个健康测试方法之一，坐姿体前屈测试可以很容易地重复进行，以评估你在这一领域的改进。然而，这种测试技术的作用是有限的，因为它只能测量下背部和腿部肌肉的柔韧性，不能评估身体其他关节和肌肉的柔韧性问题。

围度测量

围度测量可以单独使用，也可以与身体成分测量结合使用来测定女性的体重减轻情况，该方法简单而又经济。随着体重的增加和脂肪量的减少，身体组成成分也发生了变化，腰围测量可以很好地反映出身体在这方面的进步。无论你是想增加肌肉的尺寸，还是想要通过脂肪的减少和肌肉的增加来改变大腿的围度，腰围测量无疑是一个让你能够看到健身效果的好方法。请一位朋友使用一个卷尺来测量你的各种围度（见图8.5）。

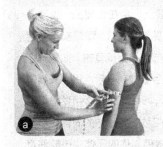
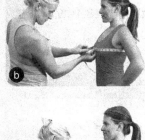

- *臂围*——直接测量上臂最粗处的手臂周长。
- *胸围*——测量胸部最宽处的胸部周长。
- *腰围*——测量腹部最窄部位的腰部周长。
- *腹围*——直接测量肚脐处的腰部周长。
- *臀围*——测量臀部最宽部位的臀部周长。
- *大腿围*——两脚并拢，膝部上方大约20厘米处的大腿周长。
- *小腿围*——测量腿肚最粗处的小腿周长。

图8.5 围度测量位置：a.手臂；b.胸；c.腰；d.腹；e.臀；f.大腿；g.小腿

坐姿体前屈测试

虽然这个测试经常使用坐姿体前屈辅助测量器，但它不是必需的。在此处的例子中，我们用胶带将一个卷尺（与围度测量所用卷尺相同）固定在地面上，并把它拉直。在卷尺的15英寸处放置一条胶带。当你准备好进行测试的时候，可以将你的脚后跟放置在此处。

进行测试时，一定要先做热身运动，然后坐在地面上，坐在卷尺上，脱掉鞋子，双腿向前伸直。将脚放在卷尺的15英寸标记处（见图8.6a）。双膝应该固定在地面上并向着地面下压，或者尽量伸直双腿。你的背部应该是挺直的。如果有必要，你可以背靠墙坐。身体尽量缓慢地向前倾斜，双手叠放在一起，保持双腿伸直（见图8.6b）。现在让头部和肩部离开墙壁。身体向前伸时，不要突然用力。

沿着卷尺的长度，慢慢地尽量伸展，并保持此姿势2秒，好让你的同伴能够读取你的测量值（精确到0.1英寸）。要测量出你对应的数值，你的同伴应该能够直接看你的指尖能够到达的卷尺读数。你应该试着尽量超越卷尺的15英寸标记处，这是你的脚后的放置位置。重复测量3次，并将你的最大数值与表8.4中的标准进行比较。

图8.6 坐姿体前屈测试

表8.4 女性坐姿体前屈测试结果（单位：英寸）对应的柔韧性标准

	年龄					
	<20岁	20~29岁	30~39岁	40~49岁	50~59岁	>59岁
卓越	>24.3	>24.5	>24.0	>22.8	>23.0	>23.0
完美	22.5~24.3	22.5~24.5	21.5~24.0	20.5~22.8	20.3~23.0	19.0~23.0
优秀	21.5~22.4	20.5~22.4	20.0~21.4	19.0~20.4	18.5~20.2	17.0~18.9
一般	20.5~21.4	19.3~20.4	18.3~19.9	17.3~18.9	16.8~18.4	15.5~16.9
较差	18.5~20.4	17.0~19.2	16.5~18.2	15.0~17.2	14.8~16.7	13.0~15.4
很差	<18.5	<17.0	<16.5	<15.0	<14.8	<13.0

（源自：Physical Fitness Assessments and Norms for Adults and Law Enforcement.）

跟踪进度

身体评估是你的健身计划的关键起点。你可以使用最初的结果来确定你需要关注的领域、你已经做得很好的领域，以及不需要过多关注的领域。这将帮助你集中精力于需要改进的地方并跟踪你的进度。除此之外，基准数据还便于你跟踪自己的进度，以确定训练计划是否有效。没有基准数据，你的训练就会变得很盲目，不知道自己是否能够获得想要的结果。

确定目标

就像任何计划一样，你想要什么这个问题应该先于其他任何问题。你想要的正是你训练目标所针对的，这将推动你坚持关于训练的每一个决定，还将确保你以适当的速度前进。在开始的时候，应该花些时间来设定一些目标，这样你就可以确保在训练的时候能够获得你想要的东西。获得具体的健身评估信息可以帮助你设定具体的目标。根据我的经验，最好的培训目标具有以下几个特点。

- *清楚、明白而又具体*。例如，如果你是30岁，在仰卧起坐测试中只获得了25分，那么你可以设定一个关于表现能力的目标，以便获得更好的表现，或者在更适合的类别中获得更好表现。
- *可信而又现实*。例如，如果你是39岁，体脂百分比为31%，那么你设定的在4周内将体脂降低到21%的目标是不切实际和对身体不利的。这个目标不仅不切实际，而且很不利于健康。一个更适合自己的目标可能是在较长的时间内达到这个百分比，比如通过9~12个月的集中训练。
- *基于时间，或在特定的时间范围内*。在4周的时间内降低10%的体脂是不现实的。应该采用一个更合适的时间范围，考虑到你的日常锻炼能力，并显著改变你的饮食习惯。
- *可以使用健身评估指标进行测量*。适当的目标意味着目标是可以测量的。比如一个目标是增加你可以在一分钟内做的俯卧撑的次数，你可以在6周后进行重新测试，看看是否有进步。

一定要把你的目标写下来，并确保它们符合以上所有要求。例如，你可以改进一个模糊的目标（如想要更健美），专注于健身的某个方面（在有氧运动中做得更好，拥有更强壮的双腿，变得更灵活），并将你的模糊目标转化为具体的、可测量的目标。

记录你的数据

在实施力量训练计划时，你还需要记录你的数据来监控你的进度。图8.7是一个可以复制和使用的表单，它不仅可以记录初始结果，还可以记录后来的结果。你也可以买一个简单的笔记本（用纸笔记录方法），记录你的结果。有些女性使用诸如Excel或其他电子技术的计算机程序来跟踪评估结果。

	日期：_____ 时间：_____	日期：_____ 时间：_____	日期：_____ 时间：_____	日期：_____ 时间：_____	日期：_____ 时间：_____	日期：_____ 时间：_____
心肺功能测试结果						
布鲁斯跑步机测试	间隔次数：_____ 排名：_____ 心率：	间隔次数：_____ 排名：_____ 心率：	间隔次数：_____ 排名：_____ 心率：	间隔次数：_____ 排名：_____ 心率：	间隔次数：_____ 排名：_____ 心率：	间隔次数：_____ 排名：_____ 心率：
肌肉功能测试结果						
仰卧起坐测试	仰卧起坐次数：_____ 排名：_____	仰卧起坐次数：_____ 排名：_____	仰卧起坐次数：_____ 排名：_____	仰卧起坐次数：_____ 排名：_____	仰卧起坐次数：_____ 排名：_____	仰卧起坐次数：_____ 排名：_____
改进版俯卧撑测试	俯卧撑次数：_____ 排名：_____	俯卧撑次数：_____ 排名：_____	俯卧撑次数：_____ 排名：_____	俯卧撑次数：_____ 排名：_____	俯卧撑次数：_____ 排名：_____	俯卧撑次数：_____ 排名：_____
柔韧性测试结果						
坐姿体前屈测试	距离（英寸）：_____ 排名：_____	距离（英寸）：_____ 排名：_____	距离（英寸）：_____ 排名：_____	距离（英寸）：_____ 排名：_____	距离（英寸）：_____ 排名：_____	距离（英寸）：_____ 排名：_____
身体组成测试结果						
	体重：_____ 去脂体重比例：	体重：_____ 去脂体重比例：	体重：_____ 去脂体重比例：	体重：_____ 去脂体重比例：	体重：_____ 去脂体重比例：	体重：_____ 去脂体重比例：

（源自：I. Lewis-McCormick, 2012, A woman's guide to muscle and strength [Champaign, IL: Human Kinetics].）

图8.7 力量训练进度记录表

无论选择哪种方法，一定要包含测试的日期和时间。试着每次都在每天的同一时间进行体能测试。这很重要，因为你的身体倾向于遵循特定的模式，包括疲劳、饥饿和压力水平等。如果你没有给自己足够的时间来进行自我评估，你可能会匆忙地进行测试，而不是进行一次全面的测试。此外，压力会让你心跳加速。当你通过跑步机测试来测试心率时，会获得不同的结果。为了准备进行体能测试，一定要保持充足的水分摄入和充足的休息，在进行评估之前尽早吃饭，这样消化功能就不会影响到测试。在一天的同一时间评估自己，这可能是你记住该指导方针的简单方法。

另外，确保在前6个月里，每6周重新测试一次。当你对测试结果感到满意后，可以转到一年两次的测试周期（每6个月进行一次测试）。最初的6周间隔为你的身体提供了一个合理的转换时间，你可以看到结果并确定自己是否在正确的轨道上。

知道何时进入下一个健身计划

当开始一个力量训练计划时，根据你的健康评估结果和你的训练水平（例如，优秀、较好和较差）来设计你的锻炼计划。你的训练水平也会引导你选择正确的负重、训练的持续时间、训练强度、重复次数、训练组数和有氧训练的类型。第9章将介绍一些重要的健身训练组合，帮助你制订适合你的健身计划。本章还将帮助你确定每次锻炼的时间，以及你的努力程度。第9章将介绍如何利用周期性来安排训练计划，以及如何让特定训练变量发挥作用，使你对即将开始的健身之旅有更深入的了解。

实际上，并没有关于何时应该进行下一个重量负荷、有氧运动强度的绝对明确的数据。这取决于你在训练中有多努力，你在哪些方面取得了进步，你的恢复能力如何，以及你对增加训练量的感觉。第10章和第11章将列出一些打破训练周期的训练计划，这样你就可以轻松了解你需要做什么以及什么时候做。这些计划旨在通过合理的训练时间和休息时间的设定提高你的力量和耐力，让你不断进步。这些训练的设计目标是，让你从初级过渡到中级再到高级的时候感到轻松而没有压力。

体能评估的测试结果，有助于你为新的力量训练计划做好身体和精神上的准备。从身体方面讲，你将有更好的状态来设定合理的长期和短期目标。你的一些测试结果甚至可能会激发你的动力，让你知道自己在某些领域做得很好，从而提高了你的自信心。健身评估还能帮助你了解各种运动的价值，而不只是你已经知道的那些运动。这一点很重要，因为多样性是维持一个长期健身计划的关键。因此，你对提高力量和体能训练水平的决心很可能是成功达到目标的关键因素之一。

第**9**章

制订一个力量训练计划

本章将向你介绍具体的训练要点，并解释如何利用它们来创建一个可管理的、渐进的、长期的训练方法。此外，通过学习如何在不同的时间框架内调整这些训练要点，你将学习如何开发周期性的训练计划，从而不断增加力量，增强肌肉，让你的健康水平、自信度和幸福水平都得到提升。

周期性训练计划的概念

由于身体能够快速适应力量训练计划，所以你必须定期改变，以实现持续进步。为了帮助你获得最佳训练效果，本书采用了一个称为"周期化"的概念。年轻的匈牙利医生汉斯·塞利（Hans Selye）的研究表明，当人体受到外界压力时，会给出可预期的阶段性反应。周期化包括一个训练项目的各个方面随时间的渐进循环，在本例中，周期性训练计划是在特定时间内的一个力量训练计划。将力量训练周期化可以帮助你避免力量训练的停滞期，并预防过度使用带来的伤害。周期化可以帮助你进行增强力量、爆发力、肌肉大小、耐力和运动表现的训练。

在周期化计划开始的时候，应采用大量的重复次数和组数来举起较轻的重量。然后在一定的计划阶段内，或者在特定时间框架内，采用逐渐增加重量伴以较少的重复次数和组数进行相应练习。周期化训练的主要好处是，可以有计划地对身体施加压力，使肌肉能够以一种可预期的、有组织的、可理解的渐进方式得到增强。让我们来看看周期性训练计划的各个阶段，并查看你在每个阶段可以采用的运动量和训练负荷。

周期化训练可划分为大循环、中循环和小循环。计划的总体时间框架就是大循环，可能长达6个月或1年之久。大循环可以帮助你建立长期的目标，然后制订一个达到此目标的行动计划，这是通过将大循环分解为可控制的较短的时间段（被称为"中循环"）来完成的。例如，你可以将一个6个月的大循环分解为两个3个月的中循环。因为对于实现某个特定目标而言，这些中循环仍然很长，所以我们又引入了"小循环"这个术语，小循环是指每个中循环内的数周时间。

周期性训练是避免训练者停滞不前和保持斗志的关键。这一点尤为重要，因为在一个新的计划开始之时，看到身体发生的变化会让人斗志昂扬。你可以定期适当改变你的训练计划，让你的身体更加努力地工作，同时让身体得到充分的休息和恢复，而不是每周都做同样的日常训练。一旦你的身体适应了该日常训练，你就应该再次改变训练计划。这样，你就会不断看到你的肌肉发生的适应性变化。

力量训练计划要素

2002年，美国运动医学会发表了一份针对积极、健康的成年人的力量和调节变量的声明。该声明提供了一些关于练习的质与量的建议，以发展和维持健康成年人的心肺和肌肉健康以及柔韧性。虽然该声明基于整个科学界的研究并获得了他们的支持，同时也是专业健身教练的力量训练计划的基础，但它并未考虑过去10年的所有力量训练研究。ACSM声明的早期版本虽然为健康的成年人提供了训练建议，但没有提供任何关于如何改进健身计划的信息。这为人们提供了大量机会，让人们在没有集体协议的情况下，通过各种各样的意见和培训协议进行力量训练，以获得实现全面健身的最佳方法。你可以想象所有这些信息让场面变得有多么混乱。许多女性不得不独自从数以千计的练习计划和常规训练计划中进行筛选，难怪有这么多的女性误入歧途。

虽然2002年的ACSM年度会议声明为力量训练者提供了最佳锻炼框架，2009年的ACSM年度会议更新了该声明，以反映2002年以来针对力量训练的大量研究成果。此次更新针对的是专业健身人士和那些希望利用力量训练研究来取得成果的人。具体来说，更新后的指南对2002年的声明做了几次修改，以便更好地满足正在寻求显著肌肉发展的那些人的需求，而不是满足最低限度的力量增加。更新后的ACSM声明可以满足更多的变化，还强调了渐进式适应（如周期化）对增强肌肉力量和表现的重要性。

2009年的ACSM文档表明，如果人们希望通过减少脂肪量和增加肌肉组织来增加力量和变得更健康，那么他们应该遵循特定的力量训练计划。这些训练计划包括使用双侧和单侧的向心（肌肉缩短）、离心（肌肉拉长）和等长收缩动作，以及单关节和多关节练习。训练计划还应该包括目标重量选择、练习选择和顺序、达到特定目标的理想的练习组数和重复次数、练习频率和休息时间等，所有这些都将在本节的下一部分进行讨论。

2009年的ACSM会议指南可以帮助健身者减少训练停滞期，并显著提高运动表现能力，以达到更高水平的肌肉力量、耐力和整体健康。所有新参加力量训练的女性都应该遵循这些指导原则。然后，可以进而将这些信息应用于中级和高级训练。

频率

练习的频率是指你需要多长时间锻炼一次才能看到你想要的效果，而又不影响你训练课程之间的恢复。请记住，身体需要经历一个重建和修复过程，以补充训练过程中消耗的能量。频率实际上是一种平衡，既要给身体提供足够的压力来适应抗阻训练，又要给身体足够的时间进行恢复。

合适的力量训练频率取决于你所处的周期阶段（这是本章后面的内容）和你正在进行的锻炼类型。频率还必须考虑一种称为"训练量"的训练变量（稍后将在本节中进行介绍），因为你的练习频率取决于你将要进行的训练计划类型。一般来说，建议的训练频率为：在初始阶段，每周训练2~3天；在中期阶段，每周3~4天；在高级阶段，每周4~5天。心肺训练每天都可以进行，但需要定期改变心肺训练的强度，尤其是当你变得更健康的时候，你需要经常改变有氧运动的强度。心肺训练的指导原则是，每周至少进行3次训练，而柔韧性训练的指导原则是，每周不少于2次训练。

请记住，每次完成一项剧烈的力量训练时（不管是锻炼身体的哪个部分），你的全身都会受到影响——包括所有的生理系统和主要器官。请记住，你的身体无法区分你在一周中的哪天锻炼，而只对两次锻炼的间歇有反应。你可能需要更多的恢复时间，这取决于你的训练强度，以及你的健康水平。

强度

强度是指某个训练计划或任何一次训练课程中投入的精力。你举起的重量应该是具有挑战性的，当你做最后两次重复动作时，应该会感到肌肉疲劳。精疲力竭意味着肌肉疲劳，以至于你无法在良好的状态或没有帮助的情况下再完成一次完整的重复动作。许多女性举起的分量不够，也就是说，没有精疲力竭。这主要是因为她们不知道她们应该这样做！她们认为只要做大量的重复动作就可以了，或者，她们选择较轻的重量是因为一个长时间流行的说法，认为选择的重量太大会导致肌肉变大。

在抗阻训练中，训练负荷是测量强度的主要方法。训练负荷可通过以下任何一项来确定。

- 练习期间举起的重量。

- 完成特定练习的重复次数。
- 在一组练习中完成所有练习的时间长度，或者完成整个训练课程的时间。

你可以选择通过举起更重的重量来增加你的训练负荷，或者采用同样的重量但做更多次的重复动作。另一种方法是采用相同重量做相同次数的重复动作，但是减少两组练习之间的休息时间。通常人们只使用前面提到的三个参数中的一个来增加强度。例如，在相同的训练课程中，不能同时增加举重重量并减少休息时间，这会让你感到疲劳，而且可能会导致受伤。

此外，你应该合理安排练习的顺序来优化强度。例如，在做小肌肉群练习之前，先做大肌肉群练习；在做单关节练习之前，先做多关节练习；在进行低强度运动之前，先进行高强度的练习。

时间

在这里，时间指的是整个训练课程的时间长度。抗阻训练课程的一般持续时间为不超过60分钟。超过这个时长的话，可能会让你感到无聊和疲倦。心肺训练应该持续30~45分钟，柔韧性训练应该持续20~30分钟。当你进行更高级的训练，练习强度增加时，你的训练课程时间会变短，尤其是一些严苛的力量训练课程，持续时间应该在20~30分钟就可以了。无论你采用多长时间来实现你的训练目标，都应该专注地完成每一个练习课程。

许多女性都未能充分利用她们的训练时间。她们心不在焉，时间利用率很差。如果你在健身房里锻炼，那么锻炼就应该是你的首要目标。不要让任何人或任何事限制你，也不要偏离你应该完成的目标。

间歇训练

间歇训练是一种独特而有效的训练方式，与常规训练相比，它能更有效地使用热量、燃烧更多的卡路里。间歇训练是指进行更高强度的练习，然后在一个特定的时间框架内进行恢复。进行短时间高强度的锻炼，目的是在整个训练过程中达到超负荷或相对吃力的强度水平。显然，在如此高的强度下进行30分钟的锻炼是不可能的。这就是为什么会有间歇休息时间的原因——虽然这段时间并不足以让你完全恢复，但在那些快节奏的、有效利用时间的锻炼中，你可以适当地挑战一下自己。

这里列出的间歇训练公式基于身体的能量系统（无氧运动和有氧运动），为你提供一种科学的间歇训练方法。最好的比率与ATP-PC、无氧糖酵解和有氧能量系统相关。由于这些系统会在特定的时间框架中被耗尽，所以我们使用工作休息比率来跟踪它们的能量消耗和随后的恢复情况，然后进行休整，这样你就能呼吸到足够的氧气，让你为下一次的间歇训练做好准备。

在间歇训练中，最重要的是保持一致。如果你决定在跑步机上以2∶1的工作休息比率来跑步的话，你需要始终采用正确的时间间隔，而不是中途决定需要休息更多的时间，或再等1分钟。训练的好处得益于比率的一致性导致的超负荷。例如，如果你认为在困难的部分需要两分钟的休息时间，而你的恢复只用了一分钟，那么在整个训练过程中，你都要尽你最大努力坚持完成该常规训练。

你可以在任何三个心率区域内灵活地选择采用何种工作休息比率。使用下面的比率来确定哪个范围对你最有效，这取决于你需要努力练习多长时间，以及你需要多长时间才能恢复。这里还提供了一些使用这些比率的例子。如果你了解如何设计工作休息比率，你可以设计出自己的比率，并选择你喜欢的任何活动（比如骑自行车、户外散步或慢跑）。

1∶1的工作休息比率

1∶1的工作休息比率意味着你的锻炼时间和恢复时间是相同的。以下是1∶1的工作休息比率活动的例子。

- *跑步机：* 交替进行5分钟的跑步（速度为8千米/小时或更快）和5分钟步行（速度为5.6~6.4千米/小时），总共进行30~45分钟的练习。
- *椭圆仪：* 交替进行两分钟高强度练习（尽自己最大努力的同时保持良好形态、姿势和控制力）和两分钟中等强度练习，总共进行30~45分钟的练习。

2∶1的工作休息比率

2∶1的工作休息比率意味着你的锻炼时间是恢复时间的2倍。以下是2∶1工作休息比率活动的例子。

- *跑步机：* 交替进行3分钟跑步（速度为8~11千米/小时）和90秒的慢跑（速度为8~8.9千米/小时），总共进行30~45分钟的练习。
- *椭圆仪：* 交替进行40秒高强度练习（尽自己最大努力的同时保持良好形态、姿势和控制力）和20秒中等强度练习，总共进行25~30分钟的练习。

3∶1的工作休息比率

3∶1的工作休息比率意味着你的锻炼时间是恢复时间的3倍。以下是3∶1的工作休息比率活动的例子。

- *跑步机：* 交替进行15分钟跑步（速度为8~9.7千米/小时）和5分钟慢跑（速度为9.7~11千米/小时），总共30~45分钟。
- *椭圆仪：* 交替进行9分钟高强度练习（尽自己最大努力的同时保持良好形态、姿势和控制力）和3分钟中等强度练习，总共进行30~45分钟的练习。

请记住，如果需要的话，可以将工作休息比率更改为休息工作比率。例如，如果努力锻炼2分钟并只用1分钟来恢复（2∶1）对你来说太难了，那么可以简单地将二者调换一下，将它作为休息工作比率，也就是说，锻炼1分钟，然后恢复2分钟（1∶2）。

类型

这个概念似乎是不言而喻的，但不管怎样，还是值得在这里说一下：实现某个目标的最佳练习也就是能够实现该目标的练习。例如，要增加力量，就应该进行力量训练；要提高心肺能力，就应该跑步、骑自行车、使用椭圆仪，或者参加健身班；要提高柔韧性，就应该做瑜伽、普拉提或拉伸类运动。健康的所有组成部分都很重要，所以一定要花足够的时间来具体解决每一个问题，以找到一种平衡的方法（参见本章后面介绍的特定性原则）。

训练量

训练量不仅是指一次训练课程期间累计完成的运动量，还指整个训练阶段完成时所累计的运动量。训练体量是指所用的肌肉和肌肉群的数量、所选择的练习，以及练习组数和重复次数。请记住，周期性训练模型会引导你确定力量训练的频率、练习组数和重复次数。不过，你应该了解训练体量对整个力量训练中的表现和目标的影响。

训练量是一个经常发生改变的变量，用于优化你的力量训练计划的周期。在第一次实行力量训练计划时，（特别是第一个中循环）训练量应该位于连续体的下端。这意味着开始时不应该太快，不应该选择太大的重量，不应该进行太多练习，也不应该训练时间太长（超过60分钟）。慢慢地开始很重要，因为这样可以让你逐渐适应新的训练计划和训练刺激，让你的身体感受即将经历的新压力。在开始阶段采用较小的运动量，这会使你在每个新的小循环内实现目标，让你感受成功。随着你的肌肉能够在紧张度、重复次数和练习组数增加的情况下坚持更长的时间，你就可以逐渐增加训练量。当你变得更强壮、更自信的时候，你就会愿意一直使用并发展这个训练计划。

你还可以使用你的训练量来估计训练期间消耗的卡路里数，因为举起的重量和燃烧的卡路里数量之间存在高度相关性。

训练负荷

许多专家说，如果不能有控制地完成一组动作（即重复8次），那么你选择的重量太重了。如果你拿起20磅重的哑铃，双手各拿一个，试图进行10次胸前弯举，但重复

5次后就无法再继续，这说明该负荷对你而言太重了。但是，到底该如何选择负荷呢？

为每组练习选择正确的负荷是一个复杂而又多变的过程。不过，如果你清楚自己想要做什么，这个过程就变得很简单，也就是说，知道你想要达到的目标。在这方面，小循环非常有用，因为每个小循环都概述了一个非常具体且易于理解的短期目标。例如，在小循环1中，你只是试图做好一个完整的练习，专注于形体和技巧，这个时候重量负荷就不必太重。虽然有足够的时间来提高你的力量，但是形体和技巧从一开始就必须要正确。在小循环2中，由于训练课程的目标发生了改变，所以你可能会选择较重的重量负荷。

让我们来看看用来计算出你所需负荷的各种方法。请记住，随着训练强度的增加（即负荷变重），运动量将会减少（即重复次数和组数会变少）。这是因为在重量负荷变得更重的情况下，做多次重复和多次组数的练习变得很困难。反之亦然：如果负荷较轻，你将能够采用更大的训练量（即更高的组数和重复次数）。

初级的力量训练者（那些从来未受过训练或没有任何抗阻训练经验的人，或没有经过几年训练的人）应该重复进行8~12次练习。中等水平的力量训练者（有大约6个月的连续抗阻训练经验）和高水平的力量训练者（有两年或两年以上的抗阻训练经验）应该采用更大的负荷范围（重复次数为1~12次），并采用周期化训练的方式。周期化训练最终强调采用较重的负荷（重复次数为1~6次），以温和的收缩速度（先完成1~2秒的向心收缩阶段，或肌肉缩短阶段，然后是1~2秒的离心收缩阶段）进行几组练习，每组练习之间进行3~5分钟的休息。当在特定RM负荷下进行训练时，如果在当前负荷下可以在完成所需的重复次数后再多做1~2次，那么应该将负荷（即重量）增加5%~10%。请记住，这里关于重复次数的指导也只是指导。要安全地完成训练组数，应该灵活地增加你的重复次数或重量负荷。

在单独进行力量训练时，绝对不要举起超重的重物。如果重物落在你的脚上或身体其他部位上，你就有麻烦了。当在力量训练中使用非常重的重物时，一定要有一个训练伙伴或私人教练陪着你，以备你需要帮助。这个人应该足够强壮，在紧急情况下，即便没有你的帮助，这个人也应该能够承受很重的重量。

渐进式负荷

渐进式负荷是指训练过程中逐渐增加对身体的压力。渐进式负荷非常适合想要改善身体健康的人（例如，逐渐增加心肺训练强度以提升心肺健康度，或逐渐增加重量负荷来提高肌肉力量和耐力）。在刚开始进行力量训练时，你很可能很快就会体验到训练效果。但是，如果不持续地调整训练变量，你的训练很快就会陷入停滞，这意味着如果继续进行相同的训练，你将不再能够看到任何效果。只有系统地增加锻炼对身体的刺激程度，才能持续获得力量和心肺的改善效果。为了获得进一步改进，你必须至少控制下列变量之一：运动强度（即重量负荷）、重复次数、移动重物的速度，或练习之间的休息时间。

自2002年以来，许多研究已经证明，要想长期提高肌肉力量，必须制订一个训练计划，循序渐进地操作各种训练变量。事实是，在完成4~6周的相同力量训练后，如果还进行相同的日常训练，则无法再看到训练效果。为了达到更高的肌肉健康水平，你必须改变训练变量，例如练习、练习组数、训练频率和重量负荷。通过控制这些变量，可以避免出现训练停滞期，达到更高的肌肉健康水平。

特定性

训练的改进和适应会因你执行的具体训练而各不相同。例如，为了提高你做完整俯卧撑的能力，你必须练习完整俯卧撑。尽管卧推和屈膝俯卧撑的确可以增强胸肌和肱三头肌，但在涉及提高俯卧撑能力的时候，只有练习全程俯卧撑才能提高你这方面的能力。特定性的原则就是精确。最有效的力量训练计划必须是针对特定的训练目标的。

在基于效果的训练中，2009年的ACSM立场声明强调了进行力量训练的两个目标。第一个目标是不断获得更大的健身收益。第二个目标是保持人们已经达到的强健的肌肉、健康的身体、健美的体形。第一个目标对初学者而言最重要。你期望看到的改进来自于你对几个训练变量的操控。因此，应用渐进式过载原理对初级力量训练者而言非常重要。

恢复

恢复或许是最重要的训练原则之一。虽然听起来很简单，但它是如此强大，而且经常被忽视。从训练中适当恢复可以帮助你避免过度训练、受伤或训练疲劳，而且它会帮助你实现令人惊异的训练效果。

过于频繁和剧烈的练习会妨碍身体的恢复和适应能力。请记住，你训练得越辛苦，就越需要进行恢复。不幸的是，许多运动员没有富足的恢复时间，但幸运的是，你可以享受这种富足。如果没有得到充分的恢复，你就会感到疲劳，从而导致体内激素紊乱（或身体失衡）。不过，只要在每次训练课后（以及训练项目之间）进行适当的恢复，你就能获得训练带来的好处。

　　你可以考虑通过以下几点来评估你的恢复能力：如果在相同的训练中，你的运动负荷或重复次数不能超过你上一次的（所有条件都相同），那么你还没有完全恢复。

　　力量训练的恢复包括短期和长期的恢复。短期恢复指的是两次锻炼之间的休息天数。你应该在力量训练之间至少休息48个小时，让你的身体有足够的时间为下一个力量训练做好准备。请记住，如果隔天进行下一次锻炼，无论你是否改变所锻炼的肌肉群，恢复都是不充分的。因此，如果采用隔天改变所锻炼的肌肉群的训练方式，两次锻炼之间的休息不足以让你得到充分恢复。你可以选择进行柔韧性训练，比如低强度的心肺练习，或者在力量锻炼期间的恢复期内什么都不做。

　　如前所述，中枢神经系统控制着整个身体。能量系统、新陈代谢系统、内分泌系统——所有这些系统都需要一定的时间来恢复，即使你采用交替锻炼肌肉群的方式，这些系统在两组锻炼之间也无法得到充分恢复。事实的确如此，因为人体是作为一个整体运行的，整个身心相互协作，无法截然分开彼此。

　　48小时训练恢复期原则只是一个指导性的原则。如果你发现需要在两次锻炼之间进行更长时间的休息才能继续，那么就给自己更多一点时间让身体得到恢复。如果你需要额外地多休息一天，也没什么问题。

　　长期恢复指中循环或大循环之间的数周休息时间，或者是一个新的周期化计划的开始与一个旧的计划结束之间的时间，正如本章前面所讨论的。第10章和第11章中介绍的周期化计划有一些特定的周期设置。建议你在每个中循环结束后休息一周时间（比如在每12周或每3个月的锻炼期结束后）。如果你想看到训练效果，就需要相信我的周计划。该计划会通过减少由于过度训练或过度使用导致的受伤风险，让你受益无穷；还会为你提供尝试新的锻炼方式的机会，并为即将开展的新的中循环提供能量。你的周期化计划中已经包含了恢复期，所以你不必担心关于恢复期的计划。我还建议你在恢复期间进行力量训练的替代训练。你可能会发现你真的很期待这些休息。

　　如你所见，一个全面的、综合的力量训练计划涉及许多组成部分。对这些组成部分是否有扎实的操作知识，意味着简单锻炼与遵循一个能产生你想要的结果的健身计划之间的区别。下面的章节包含了下一步的具体信息，可以帮助你制订一个不同凡响的计划。本章的信息可以为你提供信心和实际操作方面的知识，帮助你在开始你的初级、中级或高级力量训练计划时达到你的目标。

第 **10** 章

初级和中级力量
训练计划

本章将向初级和中级锻炼者介绍如何开始一个有意义的、可管理的力量训练计划。通过前面几章的介绍，你应该对训练目标预期、训练变量和周期化训练阶段有了一定的了解。现在，是时候在这些基础知识上更进一步了。在本章中，你会了解到，练习动作、器械和重量都不是随机选择的。相反，应该进行系统地筛选你需要提升的技能，为执行更高级的训练计划做准备。了解为什么要从特定的练习或某些器械开始，这将帮助你在力量训练中取得进步。

从初级到中级

要从初级训练推进到中级训练，需要获得足够的核心力量和稳定性，以确保你能够安全地做练习，同时还能提高你的综合能力来进行更高强度的练习。美国运动协会提供了一个非常安全有效的初级力量训练计划，旨在将训练者推进到中级阶段，并最终达到高级训练水平。该训练计划旨在通过让你的稳定性和身体机能变得更强，让你的身体为更高级别的训练做好准备。本章概述的训练将帮助你以正确的形式和技术进行练习，增加你的核心力量，获得更高的运动稳定性，并提高你的整体功能性力量。如果你能刻苦训练并严格遵守你的训练计划，那么过渡到下一阶段的力量训练时就会很轻松。

在力量训练初期，应该每周进行两次练习，持续进行3个小循环（6周）的练习，每个训练课程都应包括全身训练。完成3个小循环后，你每周就能够进行两天以上的练习。在开始中级训练后,每周应该进行3天的力量训练。小循环1~6对应的是初级训练,小循环7~12对应的则是中级训练。

锻炼是从循环练习开始的,循环练习是对身体的每个主要肌肉群都进行一定数量练习的整套训练。各种各样的练习都可以纳入适合你当前的健身和经验水平的循环练习中。请记住,你仍然需要通过第9章中介绍的周期性训练计划(大循环、中循环和小循环)来追踪自己的锻炼。在本书中提到的所有训练计划(包括初级、中级、高级和耐力训练计划)中,训练阶段和恢复期都是保持不变的。第9章提到的周期训练就是你练习计划的基础。

循环练习包含8~10种不同的练习,每种练习都要重复一定的次数;每完成一个循环练习,都可以称为完成了一组练习。对这些练习进行排序,可以让身体的部位在你练习其他部位(或从一个训练区转移到另一个训练区)时得到休息。在准备做一项新的练习时,可以通过设置机器或选择哑铃来进行自然的休息。所以从理论上讲,你应该能够从一项练习转移到另一项练习,而不需要相当长的一段休息时间。但是,你可能希望快速从一个练习转移到下一个练习,这样你就可以在60分钟内完成3组完整的(循环)练习。

训练计划后期的训练包括在更重的负荷下、在限定时间时完成一定的重复次数,而不是完成特定数量的组数。这意味着在转移到下一个训练区之前,你要在每个训练区中完成特定的重复次数。作为初学者,你应该及时完成这些重复次数,但期望你能够在设定的时间范围内完成特定的重复次数,而且随着负荷的增加,为你设定的时间也会减少。

最后,在每个循环练习结束的时候,花一分钟时间来喝水、休息一会儿。我们的目标是在每个训练区内完成2~3次循环练习(每次循环练习重复进行12~15次练习)。对于初级训练1和初级训练2,可以选择做2组或3组练习。如果感觉3组练习太多,可以根据自身情况完成你能做的最大组数。理想情况下,你应该按照指示,每项练习做2组,然后记录你做的练习,并努力提高自身能力。在每次锻炼过程中,尽可能在每个训练阶段完成更多的练习。如果你能够坚持完成初级力量训练阶段的前三个月的练习,只需坚持训练几周时间,你就能够在60分钟内完成3组完整的循环练习,同时还会发现自己的身体机能、自我感觉和外观都有显著的提升。

循环练习的好处是快速,它们可以让所有主要肌肉群都得到锻炼,而且很容易在短时间内安排和执行。缺点是,既然你花更多的时间在每个训练区内完成指定的(合理)重复次数,但由于你要一直训练,所以没有太多的休息时间。此外,即使你在转移到不同训练区时改变了要训练的肌肉群,你的中枢神经系统仍然在持续工作。因为训练是连续的,所以你不能举起重物,因为这个阶段的训练量已经很高了(回想一下，训练量是指你正在做的练习的组数和重复次数）。不过，对于初级力量训练者来说，理想的训练情况是高训练量、低负荷，所以实际上你只需按照训练计划做这些循环练习就可以了。最重要的是，所有这些要素都得考虑，循环练习对于初级力量训练者来说是一个很好的计划，因为它增加了耐力，使训练者能够迎接下一个挑战——中级循环练习。

克服健身房里的干扰

在做循环练习时，不能受到干扰和分心，这一点很重要。你认识的朋友或某个人可能跟你打招呼而打断你的练习，导致你在练习的关键时刻停下来。这在健身房中是很常见的现象。

训练计划中，使你能够从初级训练跨越到中级训练的一个关键要素就是训练时间。你需要体验喘不过气的感觉，克服身体的疲惫感，让身体逐渐适应不断增加的超负荷。如果由于分心导致偏离训练计划，无法体验超负荷状态，那么你将不会再进步，也就无法得到想要的训练效果。

要让那些可能看到或认识你的人明白，你正在进行循环练习，在完成训练之后才能跟他们聊天。如果你不能认真对待训练时间和训练目标，就无法得到你期望的训练结果。好的训练结果是通过自己的不断努力训练获得的，所以你应该确保自己的训练不被打断。你可以选择在非高峰期去健身房锻炼、佩戴耳机，或者根本不与人交谈，用这些方式避免分心。

训练计划

初级到中级力量训练计划的大循环为期6个月，这个大循环又分为2个中循环——包括3个月的初级训练和3个月的中级训练。每个中循环又进一步分成6个为期2周的小循环。第一个中循环（初级训练）的目标是提高自身的整体健身水平和力量，通过各种技术制造一种舒适度，让日常力量训练与心肺练习融入你的生活方式中。第二个中循环（中级训练）的目标是进一步增强体力和耐力，制订一个首尾呼应的日常训练计划，为你进入高级训练做好准备。以下是关于你将在每个小循环中做什么的详细阐述。请注意，你应该确保自己在初级训练和中级训练之间有一周的休息时间。

小循环1~3（第1~6周）

在前3个小循环（第1~6周）中，每周做练习1和练习2。例如：在第1周，练习1和练习2各做一次；在第2周，练习1和练习2各做一次。前3个小循环（共6周）均如此。在每个小循环中，在不做力量训练的日子里，还应该做一些有氧训练，每周至少

3次。应该在有氧运动器械上花30~40分钟的时间，选择自感劳累分级（RPE）5~7级的运动（包括5分钟的热身运动和5分钟的整理运动）。在每次力量训练或有氧训练后，都要做拉伸。此外，在两次力量训练之间，至少要休息48小时。

小循环4~6（第7~12周）

在小循环4（第7~8周）中，每周做两次练习3，在小循环5（第9~10周）中，每周做两次练习4。最后，在小循环6（第11~12周）中，每周做练习3和练习4各1天。例如在第11周中，周二做练习3，周五做练习4。

在每个小循环中，在不做力量训练的日子里，还应该做一些有氧训练，每周至少3次。应该在有氧运动器械上花30~40分钟的时间，选择自感劳累分级（RPE）5~7级的运动（包括5分钟的热身运动和5分钟的整理运动）。在每次力量训练或有氧训练后，都要做拉伸。此外，在两次力量训练之间，至少要休息48小时。

小循环7~9（第13~18周）

在小循环5，每周做3次练习5。在小循环6中，每周做3次练习6。在小循环7中，每周分别做练习5和练习6各3次。你可以选择一周内做两次练习5和一次练习6，或一周内做一次练习5和两次练习6。在每个小循环中，在不做力量训练的日子里，还应该做一些有氧训练，每周至少3次。应该在有氧运动器械上花30~40分钟的时间，选择自感劳累分级（RPE）5~7级的运动（包括5分钟的热身运动和5分钟的整理运动）。在每次力量训练或有氧训练后，都要做拉伸。此外，在两次力量训练之间，至少要休息48小时。

小循环10~12（第19~24周）

在小循环10中，每周做3次练习7。在小循环11中，每周做3次练习8。在小循环12中，每周做练习7和练习8各3次，你可以选择一周内做两次练习7和一次练习8，或一周内做一次练习7和两次练习8。在每个小循环中，在不做力量训练的日子里，还应该做一些有氧训练，每周至少3次。应该在有氧运动器械上花30~40分钟的时间，选择自感劳累分级（RPE）5~7级的运动（包括5分钟的热身运动和5分钟的整理运动）。在每次力量训练或有氧训练后，都要做拉伸。此外，在两次力量训练之间，至少要休息48小时。

初级训练1

	开始训练前，在跑步机、椭圆机或固定自行车上热身5~7分钟			
热身	练习内容	组数*	重复次数	对应的肌肉
	坐姿瑞士球骨盆倾斜	2	8	下半身和核心
	坐姿瑞士球臀部画圈	2	4	下半身和核心
	侧向拉伸	2	2	侧脊
	药球抬膝	2	2	腿部和下背部
	接球练习	2	2	脊柱和下半身
	4字站立	2	2	臀部和下背部
下半身和上半身	由于此时刚开始练习，尝试保持低负荷，重点放在学习正确的姿势和技术。当你掌握这些技术之后，可以花更多时间来增加负荷			
	练习内容	组数*	重复次数	对应的肌肉
	前弓步加侧蹲	1	左右共10次	下半身
	哑铃前蹲	2~3	15	腘绳肌、臀肌和股四头肌
	哑铃卧推	2~3	15	胸部和肩部
	瑞士球臀部挤压	2~3	25	臀肌
	高位滑轮下拉 （如果没有相关器械，请用俯身哑铃划船代替）	2~3	15	中背部
	坐姿伸腿 （如果没有相关器械，请用深蹲代替）	2~3	15	股四头肌
	坐姿推肩	2~3	15	肩部
	上斜俯卧撑	2~3	10	胸部、肩部和核心
	坐姿腿弯举 （如果没有相关器械，请用硬拉代替）	2~3	15	股四头肌
	普拉提游泳	2~3	10	后部肌肉
	曲杆肱二头肌弯举	2~3	15	手臂
核心	练习内容	组数*	重复次数	对应的肌肉
	瑞士球臀桥	2	5	核心
	腹部进阶系列	1	每个动作10次	核心
柔韧性	练习内容	组数*	重复次数	对应的肌肉
	坐姿瑞士球臀部画圈	2	左右共5次	—
	侧向拉伸	2	2	—
	脊柱伸展	2	左右共2次	—
	4字站立	2	左右共2次	—

*每两组练习之间休息60秒。

初级训练2

	开始锻炼之前，在跑步机、椭圆机或固定自行车上热身5~7分钟			
热身	练习内容	组数*	重复次数	对应的肌肉
	坐姿瑞士球骨盆倾斜	2	8	下半身和核心
	坐姿瑞士球臀部画圈	2	4	下半身和核心
	侧向拉伸	2	2	侧脊
	药球抬膝	2	2	腿部和下背部
	接球练习	2	2	脊柱和下半身
	4字站立	2	2	臀部和下背部
下半身和上半身	由于此时刚开始练习，请尝试保持低负荷，重点放在学习正确的姿势和技术上。当你掌握这些技术之后，可以花更多时间来增加负荷			
	练习内容	组数*	重复次数	对应的肌肉
	早安式	2~3	12	腘绳肌和臀肌
	哑铃飞鸟	2~3	12	胸部和肩部
	前弓步	2~3	12（左右交替进行）	臀肌和腘绳肌
	俯身哑铃划船	2~3	12	中背部
	单腿深蹲	2~3	1左右共2次	股四头肌
	直立哑铃划船	2~3	12	肩部
	坐姿蹬腿 （如果没有相关器械，请用深蹲代替）	2~3	12	臀肌和腘绳肌
	俯卧撑	2~3	10	胸部、核心和肱三头肌
	仰卧直臂上拉	2~3	12	背阔肌和斜方肌
	锤式弯举	2~3	12	肱二头肌和前臂
核心	练习内容	组数*	重复次数	对应的肌肉
	瑞士球臀桥	3	10（每项练习）	脊柱
	俯卧撑-平板支撑	3	10	核心
	瑞士球滚动	3	10	前核心
	仰卧时钟式	2~3	10	前核心
柔韧性	练习内容	组数*	重复次数	对应的肌肉
	站姿猫牛式	2	4	—
	站姿膝关节屈伸加踝关节背屈	2	左右共4次	—
	前弓步加侧蹲	2	左右共4次	—
	接球练习	2	左右共4次	—

*每两组练习之间休息60秒。

初级训练3

热身	**开始锻炼之前，在跑步机、椭圆机或固定自行车上热身5~7分钟**			
	练习内容	组数*	重复次数	对应的肌肉
	药球下蹲	2	8	下半身和核心
	前弓步加侧蹲	2	4	下半身和核心
	侧向拉伸	2	2	侧背
	站姿膝关节屈伸加踝关节背屈	2	2	腿部和腰背部
	脊柱伸展	2	2	脊柱和下半身
	4字站立	2	2	臀部和下背部
下半身和上半身	**随着你越来越适应这些练习，应该开始增加负荷，但重点仍在学习正确的姿势和技术上。在进行力量训练的同时全身心地关注技术**			
	练习内容	组数*	重复次数	对应的肌肉
	弓步行走	3	50（双腿交替）	腘绳肌、臀肌和股四头肌
	高位滑轮下拉（如果没有相关器械，请用俯身哑铃划船代替）	3	12	胸部和肩部
	早安式	3	12	臀肌
	下斜俯卧撑	3	12	三角肌前束、胸部和肱三头肌
	引体向上	3	5	肱二头肌、背阔肌和核心
	侧弓步	3	12（左右两侧做为1次）	腿部两侧的肌肉和臀肌
	坐姿提踵	3	12（每侧腿）	小腿
	绳索前平举（如果没有相关器械，请用哑铃进行前平举来代替）	3	10	三角肌前束、胸部和核心
	俯身哑铃划船	3	12	中背部和肱二头肌
	俯身飞鸟	3	12	三角肌后束和姿势肌肉
核心	练习内容	组数*	重复次数	对应的肌肉
	雨刷式	2	10	核心
	腹部进阶系列	2	每项10次	核心
	四足脊柱伸展	2	左右共10次	核心和平衡
柔韧性	练习内容	组数*	重复次数	对应的肌肉
	全身拉伸	2	2	—
	下背部拉伸	2	2	—
	脊柱扭转	2	2	—
	腘绳肌拉伸	2	左右共2次	—

*每两组练习之间休息60秒。

初级训练4

	开始锻炼之前，在跑步机、椭圆机或固定自行车上热身5~7分钟			
	练习内容	组数*	重复次数	对应的肌肉
热身	药球下蹲	2	8	下半身和核心
	前弓步加侧蹲	2	4	下半身和核心
	侧向拉伸	2	2	侧脊
	站姿膝关节屈伸加踝关节背屈	2	2	腿部和下背部
	脊柱伸展	2	2	脊柱和下半身
	4字站立	2	2	臀部和下背部
	随着你越来越适应这些练习，应该开始增加负荷，但重点仍在学习正确的姿势和技术上。在力量训练的同时全身心地关注技术			
	练习内容	组数*	重复次数	对应的肌肉
下半身和上半身	弓步行走	5	10	股四头肌、臀肌和腘绳肌
	深蹲加屈膝礼弓步	6	10	腿部、腘绳肌、股四头肌和臀肌
	坐姿提踵（如果没有相关器械，请用哑铃进行小腿抬高来代替）	3	10	小腿
	俯卧撑	2	10	胸部、肱三头肌和三角肌前束
	下斜俯卧撑	2	10	胸部和肱三头肌
	站姿绳索飞鸟（如果没有相关器械，请用哑铃进行胸部飞鸟来代替）	2	10	胸部和核心
	高位滑轮下拉（如果没有相关器械，请用俯身哑铃划船代替）	2	10	背部和肱二头肌
	仰卧直臂上拉	2	10	背部和三角肌
	俯身哑铃划船	2	10	背部和肱二头肌
	侧平举	2	10	肩部
	直立哑铃划船	3	10	肩部
	坐姿推肩	2	10	肩部和肱三头肌
	俯身飞鸟	2	10	肩部和后部肌肉
	曲杆肱二头肌弯举	2	10	前臂和肱二头肌
	锤式弯举	2	10	前臂和肱二头肌
	肱三头肌屈伸	2	10	前臂和肱三头肌
	普拉提游泳	5	10	整个后部肌肉链

续表

	练习内容	组数*	重复次数	对应的肌肉
核心	普拉提卷腹	3	左右共10次	核心
	侧平板支撑	4	左右共30秒	核心
	药球抬膝	4	左右共2次	核心
	瑞士球滚动	2	10	核心
	瑞士球斜前滚动	2	左右共5次	核心
	练习内容	组数*	重复次数	对应的肌肉
柔韧性	婴儿式	1	30秒	—
	站姿肩关节水平内收	3	2（向前和向后）	—
	阻力带肩部旋转	2	1	—
	下背部拉伸	2	左右共2次	—
	腘绳肌拉伸	2	2	—
	前屈	2	2	—
	前屈扭转	2	2	—

*每两组练习之间休息60秒。

初级训练5

	在开始锻炼之前，在跑步机、椭圆机或固定自行车上热身5~7分钟			
	练习内容	组数*	重复次数	对应的肌肉
热身	药球下蹲	2	8	下半身和核心
	前弓步加侧蹲	2	4	下半身和核心
	侧向拉伸	2	2	侧脊
	站姿膝关节屈伸加踝关节背屈	2	2	腿部和下背部
	脊柱伸展	2	2	脊柱和下半身
	4字站立	2	2	臀部和下背部
	现在你应该更加适应这些训练了，可以继续增加负荷，但仍要专注于对姿势和技术的学习。掌握这些有助于你使用更高级的技术			
	练习内容	组数*	重复次数	对应的肌肉
下半身和上半身	哑铃深蹲	3	10	股四头肌和臀肌
	单腿深蹲	3	10	腘绳肌、股四头肌和核心
	坐姿蹬腿（如果没有相关器械，请用深蹲代替）	3	10	腘绳肌、股四头肌和臀肌
	坐姿腿弯举（如果没有相关器械，请用硬拉代替）	3	10	腘绳肌
	站姿绳索飞鸟（如果没有相关器械，请用胸部飞鸟代替）	3	10	胸部、三角肌前束和核心
	哑铃飞鸟	3	10	胸部、三角肌前束
	高位滑轮下拉（如果没有相关器械，请用俯身哑铃划船代替）	3	10	背部、肱二头肌
	仰卧直臂上拉	3	10	背部、前束三角肌和核心
	侧平板支撑	2~3	左右各10次	核心
	坐姿推肩	3	10	肩部和肱三头肌
	直立直杆划船	3	10	肩部
	斜板弯举	3	10	前臂和肱二头肌
	锤式弯举	3	10	前臂和肱二头肌
	肱三头肌屈伸	3	10	前臂和肱三头肌

续表

	练习内容	组数*	重复次数	对应的肌肉
核心	普拉提卷腹	5	10	核心
	平板支撑	3	30秒	胸部和核心
	药球抬膝	1	左右共10次	核心
	仰卧侧身蹬车	2	25	核心
	俯卧撑－平板支撑	1	10	核心
	练习内容	**组数***	**重复次数**	**对应的肌肉**
柔韧性	婴儿式	1	30秒	—
	下背部拉伸	1	2	—
	腘绳肌拉伸	2	左右共2次	—
	脊柱扭转	2	左右共2次	—
	猫牛式	2	2	—
	下犬式	4	2	—

*每两组练习之间休息60秒。

初级训练6

	开始锻炼之前，在跑步机、椭圆机或固定自行车上热身5~7分钟			
	练习内容	组数*	重复次数	对应的肌肉
热身	药球下蹲	2	8	下半身和核心
	前弓步加侧蹲	2	4	下半身和核心
	侧向拉伸	2	2	侧脊
	站姿膝关节屈伸加踝关节背屈	2	2	腿部和下背部
	脊柱伸展	2	2	脊柱和下半身
	4字站立	2	2	臀部和下背部
	现在你应该更适应这些训练了，可以继续增加负荷，但仍要专注于对这些姿势和技术的学习。掌握这些有助于你使用更高级的技术			
	练习内容	组数*	重复次数	对应的肌肉
下半身和上半身	哑铃深蹲	3	10	腘绳肌、臀肌和腰背部
	反弓步	3	10	腘绳肌、股四头肌和臀肌
	侧弓步	3	10	腘绳肌、股四头肌和臀肌
	壶铃髋部铰链	2	左右共10次	腿部和核心
	俯卧撑	3	10	胸部、肱三头肌和核心
	杠铃卧推	3	10	胸部和三角肌前束
	高位滑轮下拉（如果没有相关器械，请用俯身哑铃划船代替）	3	10	背部和肱二头肌
	仰卧直臂上拉	3	10	背部和核心
	坐姿低位划船（如果没有相关器械，请用肱二头肌卷曲代替）	3	10	背部、三角肌后束和肱二头肌
	侧平举	3	10	肩部
	直立哑铃划船	3	10	肩部
	反向弯举	3	10	前臂和肱二头肌
	肱三头肌屈伸	3	10	前臂和肱三头肌

续表

	练习内容	组数*	重复次数	对应的肌肉
核心	普拉提卷腹	5	左右共30秒	核心
	侧平板支撑	2	左右共5次	核心
	仰卧时钟式	2	10	核心
	仰卧蹬车	2	25	核心
	练习内容	组数*	重复次数	对应的肌肉
柔韧性	婴儿式	1	30秒	—
	下背部拉伸	1	2	—
	腘绳肌拉伸	1	左右共2次	—
	脊柱扭转	2	左右共2次	—
	站姿猫牛式	2	2	—
	下犬式	2	2	—
	前屈	2	2	—
	前屈扭转	2	左右共2次	—

*每两组练习之间休息60秒。

初级训练7

热身	开始锻炼之前，在跑步机、椭圆机或固定自行车上热身5~7分钟			
	练习内容	组数*	重复次数	对应的肌肉
	药球下蹲	2	8	下半身和核心
	站姿猫牛式	2	4	下半身和核心
	侧向拉伸	2	2	侧脊
	站姿膝关节屈伸加踝关节背屈	2	2	腿部和下背部
	脊柱伸展	2	2	脊柱和下半身
	4字站立	2	2	臀部和下背部
	药球抬膝	1	8	下半身和核心
下半身和上半身	现在你应该更加适应这些训练了，可以继续增加负荷，但仍要专注于对姿势和技术的学习。掌握这些有助于你使用更高级的技术			
	练习内容	组数*	重复次数	对应的肌肉
	弓步行走	5	10	腘绳肌、臀肌和股四头肌
	下斜俯卧撑	3	10	胸部、肩部和肱三头肌
	早安式	3	10	腘绳肌、臀肌和腰背部
	坐姿低位划船	3	10	背部和肱二头肌
	坐姿伸腿	3	10	股四头肌
	仰卧直臂上拉	3	10	背阔肌、肩部和核心
	壶铃深蹲	3	10	下半身
	绳索前平举	3	10	肩部和核心
	站姿绳索飞鸟	3	10	胸部和核心
	壶铃深蹲侧抬腿	3	10	下半身、髋部和核心
	俯身飞鸟	3	10	肩部和核心
	锤式弯举	3	10	前臂和肱二头肌
	肱三头肌屈伸	3	10	前臂和肱三头肌

续表

	练习内容	组数*	重复次数	对应的肌肉
核心	腹部进阶系列	2	每项10次	核心
	仰卧蹬车	2	10	核心
	仰卧侧身蹬车	2	10	核心
	站姿俄罗斯转体	2	10	核心
	练习内容	**组数***	**重复次数**	**对应的肌肉**
柔韧性	婴儿式	1	30秒	—
	下背部拉伸	1	2	—
	腘绳肌拉伸	1	左右共2次	—
	脊柱扭转	2	左右共2次	—
	猫牛式	2	2	—
	下犬式	2	2	—
	前屈	2	2	—
	前屈扭转	2	左右共2次	—

*每两组练习之间休息60秒。

初级训练8

	开始锻炼之前，在跑步机、椭圆机或固定蹬车上热身5~7分钟			
热身	练习内容	组数*	重复次数	对应的肌肉
	药球下蹲	2	8	下半身和核心
	站姿猫牛式	2	4	下半身和核心
	侧向拉伸	2	2	侧脊
	站姿膝关节屈伸加踝关节背屈	2	2	腿部和下背部
	脊柱伸展	2	2	脊柱和下半身
	4字站立	2	2	臀部和下背部
	药球抬膝	1	8	下半身和核心
下半身和上半身	现在你应该更加适应这些训练了，可以继续增加负荷，但仍要专注于对这些姿势和技术的学习。掌握这些有助于你使用更高级的技术			
	练习内容	组数*	重复次数	对应的肌肉
	深蹲加屈膝礼弓步	3	左右共10次	腘绳肌、臀肌、股四头肌和核心
	坐姿腿弯举	3	10	腘绳肌
	早安式	3	10	腘绳肌、股四头肌和臀肌
	坐姿蹬腿	3	10	下半身
	普拉提游泳	5	10	核心和身体后部肌肉
	杠铃卧推	3	10	胸部和三角肌前束
	高位滑轮下拉	3	10	背部和肱二头肌
	哑铃卧推	3	10	胸部、肱三头肌和肩部
	俯身哑铃划船	3	10	背部、肱二头肌和核心
	直立直杆划船	3	10	肩部
	坐姿提踵	3	10	腿部
	曲杆肱二头肌弯举	3	10	前臂和肱二头肌
	肱三头肌反向屈伸	3	10	胸部、肱三头肌和核心

续表

	练习内容	组数*	重复次数	对应的肌肉
核心	瑞士球滚动	5	左右共5次	核心
	瑞士球斜前滚动	5	左右共5次	核心
	V字两头起（船式）	5	10秒	核心
	俯卧撑 – 平板支撑	2	10	核心、胸部和肱三头肌

	练习内容	组数*	重复次数	对应的肌肉
柔韧性	全身拉伸	2	30秒	—
	下背部拉伸	2	10秒（每侧腿）	—
	腘绳肌拉伸	2	10秒（每侧腿）	—
	脊柱扭转	2	左右共2次	—
	猫牛式	2	2	—
	婴儿式	2	30秒	—
	泡沫轴肩部拉伸	2	2	—

*每两组练习之间休息60秒。

第11章

高级和耐力力量训练计划

如果你已经完成了第10章中介绍的从初级到中级的训练计划，那么你的肌肉力量、肌肉大小和耐力应该都有所增强。在身体适应这些基础训练计划后，你就可以开始进行更具挑战性的训练，从而使每个健康变量（力量、速度、平衡性和敏捷性）都得到提升。在本周列出的训练计划中，你会感到难度要比初到中级训练计划更大一些，这不是因为你进行了新的练习，而是因为训练方式发生了变化。

本章中的训练变化包括超级组练习（也就是说，进行一项练习之后，不停止也不休息，继续进行另一项能够用到相同肌肉或对侧肌肉的练习）、小循环练习（涉及基于有氧运动的活动）和"快速锻炼"（通常包括高强度的有氧间歇训练）。你会继续用到循环练习，但这与初到中级训练计划中使用它们的方式略有不同。这些训练计划中的循环练习由4组练习组成，每组练习1分钟，两组练习之间休息1分钟。

本章还介绍了一个适合那些注重耐力训练的女性的训练计划。本章对那些专门进行心肺训练的女性来说可能特别有用，因为她们的健身计划中通常不包含力量训练。这类女性往往会错过抗阻训练和核心力量增强带来的巨大益处——有助于减肥，提高跑步效率、速度（比较有竞争性的项目：5千米、10千米、半程马拉松、马拉松和铁人三项）、耐力和体力，还能预防受伤。发表于*Scandinavian Journal of Medicine and Science in Sports*的一项研究（Hoff, Gran & Helgerud, 2002）表明，如果耐力运动员的力量得到增强，那么他们的有氧耐力也会得到显著提升。

本章的力量训练计划采用了与第10章相同的周期性训练计划，其特征为：将6个月的大循环分成两个为期3个月的中循环，每个中循环又包含6个为期2周的小循环，两个中循环之间有一周的休息时间。

高级力量训练计划

如果你想通过更高强度的训练来继续提高你的表现，并保持你的力量水平，那么这些高级训练计划会特别有帮助。本章包括力量训练、各种核心和柔韧性训练，以及一些心肺功能训练方案的变体。本章还包括一些使用TRX悬吊训练系统的练习。这些高级训练适用于那些连续进行6个月以上的力量训练的女性。如果你已经专门参加了耐力训练，而且是一名专业的耐力运动员，那么我建议你先从第10章的初级训练计划开始，然后再进行本章的耐力训练。通过这种方式，你才有可能在开始这些更高级的训练计划之前获得强大的基础力量。

作为初学者，你可能经历了力量和肌肉的快速增长，特别是在前6个月的持续训练中。随着时间的推移，你的身体可能会适应这些训练刺激，使你很难再取得成果。高级训练计划能够刺激肌肉生长，促进肌肉尺寸和力量的进一步增加。

有些训练集中在上半身，有些侧重于下半身，还有一些则是全身性的练习。有些训练包含一些高强度的有氧运动，比如跳5分钟休息1分钟的跳绳运动，或者跳3分钟休息1分钟的蹲跳（利用自体重）。无论你遵循什么样的训练计划，一定要在各组练习之间进行充分的恢复。正如你在第9章中了解到的，必须要进行恢复，因为身体在每项练习期间都消耗了体力并受到挑战。请记住，你可能需要更多的时间在两组练习之间进行恢复，所以请根据各自的身体情况来适当调整间歇时长。

在不进行这些日常训练的日子里，你应该进行柔韧性训练。你可以使用我在第4章中介绍的拉伸练习。每项练习中都包含拉伸练习，在本章结尾的特定日常训练中也包含拉伸练习。或者，你也可以参加瑜伽课或跟着瑜伽DVD来练习。在不进行力量训练的日子里，你也应该做一些有氧训练，比如使用跑步机跑步、在户外散步、跑步、使用椭圆训练器进行锻炼、骑自行车或游泳等。另外，每周花上一整天的时间来休息。

高级力量训练计划的大循环为期6个月（24周），大循环又进一步分为2个为期12周的中循环（每个中循环3个月）。第一个为期3个月的中循环是高级训练的起始阶段，第二个为期3个月的中循环则包括强度更高的高级练习项目。每一个中循环又进一步分解为一些为期2周的小循环。第一个中循环（第1~6个小循环）的目标是提高训练强度，并保持在初到中级力量训练（见第10章）中获得的力量。第二次中循环（第7 ~ 12个小循环）的目标是通过耐力和力量训练进一步挑战自己的身体。

请注意，在两个中循环之间，应该停止训练一周，让身体得到积极恢复。休息这一周是为了让身体为下一阶段的训练做好准备，同时获得适当的休息。在这一周内，我建议你每天做伸展运动，在室内或室外散步，但要远离健身房，以免自己无法抵制诱惑，又做起了本周的练习。

中循环1：小循环1和小循环2（第1~4周）

小循环1和小循环2需要4周时间才能完成。这些小循环使你的身体为通过更少练习量来进行时间更长、更高强度的训练做好了准备；这些训练分为上半身练习和下半身练习。一定要花时间在每组练习之间进行恢复。在开始这些更加艰苦的训练时，建议你在练习之间进行充分的恢复，但你可能需要根据自己的水含情况、练习之间所用的恢复时间、你的睡眠周期（即是否得到足够的休息）和你的营养摄入（即吃得是否足够好）来调整恢复间歇时长。

为这些训练做热身运动，你可以选择步行、慢跑（或在跑步机上跑），也可以使用椭圆机做练习（不少于10分钟）。训练完成之后才能进行拉伸，但如果有紧绷感，可以针对想要放松的部位做一些轻度拉伸。如果你想在训练前进行拉伸，请不要长时间保持伸展动作——以感觉舒适为宜，在想要放松的肌肉群上进行3~5次轻度拉伸。另一种选择是等到锻炼结束后再做伸展练习。

中循环1：小循环3和小循环4（第5~8周）

小循环3和小循环4继续挑战你的力量和耐力水平。这些小循环还会让你的有氧运动达到另一个水平，你将在更短时间内进行更高强度的训练。此外，当你开始这些小循环时，你希望所用的重量负荷能在前面小循环的基础上增加10%。为这些锻炼做热身运动，你可以步行、慢跑（或在跑步机上跑），也可以使用椭圆机做练习（不少于10分钟）。训练完成之后才能进行拉伸，但如果有紧绷感，可以针对想要放松的部位做一些轻度拉伸。如果你想在训练前进行拉伸，请不要长时间保持伸展动作——以感觉舒适为宜，在想要放松的肌肉群上进行3~5次轻度拉伸。另一种选择是等到锻炼结束后再做拉伸练习。

中循环1：小循环5和小循环6（第9~12周）

小循环5和小循环6将继续挑战你的有氧训练，但你的力量训练将会提高一个等级。你将开始采用金字塔式锻炼模式，重量负荷保持不变，但是每组的重复次数有所变化。通过增加10%的重量负荷可以增加这些小循环的训练强度。

为这些锻炼做热身运动，你可以步行、慢跑（或在跑步机上跑），也可以使用椭圆机做练习（不少于10分钟）。训练完成之后才能进行拉伸，但如果有紧绷感，可以针对想要放松的部位做一些轻度拉伸。如果你想在训练前进行拉伸，请不要长时间保持伸展动作——以感觉舒适为宜，在想要放松的肌肉群上进行3~5次轻度拉伸。另一种选择是等到锻炼结束后再做拉伸练习。

中循环2：小循环1和小循环2（第14~17周）

中循环2里的小循环1和小循环2将继续挑战你的有氧训练，而你的力量训练将借助不断提升的力量训练技巧而获得突破。这些技术针对的是特定的肌肉群。通过增加10%的重量负荷可以增加这些小循环的训练强度。

为完成这些锻炼做热身运动，你可以步行、慢跑（或在跑步机上跑），也可以使用椭圆机做练习（不少于10分钟）。训练完成之后才能进行拉伸，但如果有紧绷感，可以针对想要放松的部位做一些轻度拉伸。如果你想在训练前进行拉伸，请不要长时间保持伸展动作——以感觉舒适为宜，在想要放松的肌肉群上进行3~5次轻度拉伸。另一种选择是等到锻炼结束后再做拉伸练习。

中循环2：小循环3和小循环4（第18~21周）

小循环3和小循环4包括强度不高的有氧训练，使你能够在较低的强度下持续进行更长时间的有氧运动。你将继续采用金字塔式锻炼，重量负荷保持不变，但每组的重复次数有所变化。通过在训练组合中引入TRX悬吊训练，加强了力量训练中的耐力练习。通过增加10%的重量负荷可以增加这些小循环的训练强度。

为完成这些锻炼做热身运动，你可以步行、慢跑（或在跑步机上跑），也可以使用椭圆机做练习（不少于10分钟）。训练完成之后才能进行拉伸，但如果有紧绷感，可以针对想要放松的部位做一些轻度拉伸。如果你想在训练前进行拉伸，请不要长时间保持伸展动作——以感觉舒适为宜，在想要放松的肌肉群上进行3～5次轻度拉伸。另一种选择是等到锻炼结束后再做拉伸练习。

中循环2：小循环5和小循环6（第22~25周）

小循环5和小循环6包括超级组力量训练技术、升降金字塔式训练、自重训练和TRX悬吊训练。这两个小循环中的训练多种多样，可以在这些小循环中继续使用上一个小循环的重量负荷。

为完成这些锻炼做热身运动，你可以步行、慢跑（或在跑步机上跑），也可以使用椭圆机做练习（不少于10分钟）。训练完成之后才能进行拉伸，但如果有紧绷感，可以针对想要放松的部位做一些轻度拉伸。如果你想在训练前进行拉伸，请不要长时间保持伸展动作——以感觉舒适为宜，在想要放松的肌肉群上进行3~5次轻度拉伸。另一种选择是等到锻炼结束后再做拉伸练习。

中循环1：小循环1和小循环2（第1~4周）

第1天：下半身	练习内容	组数	每组重复次数
可从以下两个选项中选择一个： *选项1：执行每项练习，每组训练后的恢复时间是训练时间的2倍。比如，如果用45秒来完成一组（10个）深蹲，则应该用90秒（1.5分钟）的时间进行恢复，然后开始下一组练习。如果该恢复时间不够，可以根据个人需要将时间延长 *选项2：执行每项练习，在每两组练习之间，进行1组此练习中指定的核心练习。这将最大限度地减少停训时间，保持训练状态	哑铃前蹲	3	10
	反弓步	3	10
	侧弓步	3	10
	单腿深蹲	3	10
	站姿提踵	3	10
	腹部进阶系列	3	10（每个动作）
	侧平板支撑	2	10（左右各10次）
	普拉提游泳	5	10（每组以婴儿式结尾）

第2天：心肺、核心和柔韧性	
	以两种不同的速度在跑步机上跑3英里。例如，以6.4千米/小时）的速度步行5分钟，然后以8.9千米/小时）或更高的速度跑5分钟，总长度为3英里。然后进行本表末尾处的核心练习，通过拉伸练习1（见第203页）进行柔韧性训练

第3天：上半身	练习内容	组数	每组重复次数
按顺序进行每项练习（例如，绳索胸部飞鸟、肱三头肌屈伸、哑铃垂直划船、高位滑轮下拉、锤式弯举）。每组练习完成后再重复进行两次练习，共进行3组练习	站姿绳索飞鸟	3	10
	肱三头肌屈伸	3	10
	直立直杆划船	3	10
	高位滑轮下拉	3	10
	锤式弯举	3	10

第4天：心肺、核心和柔韧性	
	在跑步机上或户外跑步30分钟。如果在跑步机上跑，尽量在30分钟内保持速度不变，这样就可以在心率训练区3进行训练。然后进行本表末尾处的核心练习，并使用拉伸练习（见第203页）进行柔韧性训练

第5天：快速练习	练习内容	组数	每组重复次数
在这一天的训练中，将在不同训练之间穿插进行跑步机训练。对于每一项练习，完成重复次数后才称为完成一组练习，然后在跑步机上跑5分钟，速度为6.5英里/小时（即10.5千米/小时，或采用其他任何你不会停止或减慢的速度）。选择一个你能保持不变的速度	壶铃深蹲	3	15
	俯卧撑－平板支撑	3	15
	侧弓步	3	15
	引体向上	3	5
	跑5分钟（用跑步机）	3	在有氧练习后先让自己恢复1分钟，然后开始下一项练习

续表

第6天：心肺、核心和柔韧性	在跑步机上或户外跑步30分钟。如果在跑步机上跑，尽量在30分钟内保持速度不变，这样就可以在心率训练区3进行训练。然后进行本表末尾处的核心练习，并使用拉伸练习（见第203页）进行柔韧性训练

第7天：恢复

核心练习	练习内容	组数	每组重复次数
	腹部进阶系列	1	10（每项练习10次）
	普拉提卷腹	1	10
	臀桥	1	10
	站姿俄罗斯转体	1	10
	侧平板支撑	1	左右两侧各30秒
	四足脊柱伸展	1	左右两侧各30秒

中循环1：小循环3和小循环4（第5~8周）

第1天：全身	练习内容	组数	每组重复次数
执行每项练习，每组训练后的恢复时间是训练时间的2倍。比如，如果用45秒来完成一组（10个）深蹲，则应该用90秒（1.5分钟）的时间进行恢复，然后开始下一组练习。如果该恢复时间不够用，可以根据个人需要将时间延长	弓步行走	5	10
	俯身哑铃划船	3	10
	瑞士球臀部挤压	2	25
	哑铃飞鸟	3	10
	坐姿绳索划船	3	10
	上斜俯卧撑	3	10
	坐姿伸腿	3	10
	坐姿推肩	3	10
	曲杆肱二头肌弯举	3	10
	坐姿提踵	3	10
第2天：心肺、核心和柔韧性	在跑步机上跑步45分钟——以自己感觉舒适的速度步行5分钟，以稍微不舒适的速度慢跑5分钟，以较有难度的速度快跑5分钟，然后再以感觉舒适的速度步行5分钟，如此循环3次，共计45分钟。然后进行本表末尾处的核心练习，并使用拉伸训练1（见第203页）进行柔韧性训练

续表

第3天：上半身	练习内容	组数	每组重复次数
把每项练习重复够数之后才能进行下一项练习。比如，在做绳索胸部飞鸟之前，要先完成3组高位滑轮下拉。两组练习之间休息90秒到3分钟	俯卧撑	3	10
	高位滑轮下拉	3	10
	绳索飞鸟	3	10
	侧平举	3	10
	曲杆肱二头肌弯举	3	10
	肱三头肌反向屈伸	3	10

第4天：心肺、核心和柔韧性	此处的有氧运动是在跑步机上完成的。根据显示屏上显示的里程，每完成0.25英里就改变一下跑步速度：第1个0.25英里，以自己感觉舒适的速度跑；第2个0.25英里，加速；第3个0.25英里，减速，给自己时间恢复；第4个0.25英里，以自己能够保持的最大速度奔跑。然后重复上述变化，直至达到3英里的里程。之后进行本表末尾处的核心练习，并使用拉伸训练2（见第203页）进行柔韧性训练

第5天：下半身	练习内容	组数	每组重复次数
	瑞士球臀部挤压	3	10
	侧弓步	3	10
	哑铃前蹲	3	10
	坐姿蹬腿	3	10
	壶铃髋部铰链	3	10

第6天：心肺、核心和柔韧性	以两种不同的速度在跑步机上跑3英里。例如，以6.4千米/小时）的速度步行5分钟，然后以8.9千米/小时或更快的速度跑5分钟，总长度为3英里。然后进行本表末尾处的核心练习，并使用拉伸训练1（见第203页）进行柔韧性训练

第7天：恢复

核心练习	练习内容	组数	每组重复次数
	俯卧撑－平板支撑	1	10
	瑞士球滚动	1	10
	瑞士球斜前滚动	1	10
	雨刷式	1	5（左右都完成记为1次）
	仰卧时钟式	1	10

中循环1：小循环5和小循环6（第9~12周）

第1天：下半身	练习内容	组数	每组重复次数
该训练采用了降序金字塔技术（也就是说，随着疲劳感的增加，每组重复的次数递减）。由于训练的强度逐渐加大，用时逐渐变短，每组训练之间需要的恢复时间可能更长。建议每组练习之后恢复1~3分钟（5分钟则太长）。当进行每项练习的第4组练习时，确保所承受的重量负荷能够使自己有疲劳感，而且第4组练习只重复4次	深蹲加屈膝礼弓步	按照重复次数进行分组	10、8、6和4
	反弓步	按照重复次数进行分组	10、8、6和4
	侧弓步	按照重复次数进行分组	10、8、6和4
	单腿深蹲	按照重复次数进行分组	10、8、6和4
	站姿提踵	按照重复次数进行分组	10、8、6和4

第2天：心肺、核心和柔韧性
以恒定的速度在跑步机上跑3英里。从0.5%的坡度开始，每隔0.25英里增加一次坡度，一直增加到在相同速度下自己所能接受的最大坡度。然后进行本表末尾处的核心练习，并使用拉伸训练1（见第203页）进行柔韧性训练

第3天：上半身	练习内容	组数	每组重复次数
该训练采用了降序金字塔技术（也就是说，随着疲劳感的增加，每组重复次数递减）。由于训练的强度逐渐加大，时间逐渐缩短，每组训练之间需要的恢复时间可能更长。建议每组练习之后恢复1~3分钟（5分钟则太长）	哑铃卧推	按照重复次数进行分组	10、8、6和4
	俯卧撑－平板支撑	按照重复次数进行分组	10、8、6和4
	坐姿低位划船	按照重复次数进行分组	10、8、6和4
	高位滑轮下拉	按照重复次数进行分组	10、8、6和4
	锤式弯举	按照重复次数进行分组	10、8、6和4
	肱三头肌屈伸	按照重复次数进行分组	10、8、6和4

第4天：心肺、核心和柔韧性
以自己能够保持的最大速度恒速进行30分钟的椭圆机训练。尽量保持速度不变，在心率训练区3内进行训练。然后进行本表末尾处的核心练习，并使用拉伸训练2（见第203页）进行柔韧性训练

第5天：下半身	练习内容	组数	每组重复次数
该训练也采用了降序金字塔技术（也就是说，随着疲劳感的增加，每组重复的次数递减）。由于训练的强度逐渐加大，时间逐渐缩短，每组训练之间需要的恢复时间可能更长。建议每组练习之后恢复1~3分钟（5分钟则太长）	壶铃深蹲侧抬腿	按照重复次数进行分组	10、8、6和4
	反弓步	按照重复次数进行分组	10、8、6和4
	侧弓步	按照重复次数进行分组	10、8、6和4
	单腿深蹲	按照重复次数进行分组	10、8、6和4
	坐姿提踵	按照重复次数进行分组	10、8、6和4

第6天：恢复

第7天：上半身	练习内容	组数	每组重复次数
由于训练的强度逐渐加大，用时逐渐缩短，每组训练之间需要的恢复时间可能更长。建议每组练习之后恢复1~3分钟（5分钟则太长）	哑铃卧推	按照重复次数进行分组	10、8、6和4
	俯卧撑－平板支撑	按照重复次数进行分组	10、8、6和4
	坐姿低位划船	按照重复次数进行分组	10、8、6和4
	高位滑轮下拉	按照重复次数进行分组	10、8、6和4
	锤式弯举	按照重复次数进行分组	10、8、6和4
	肱三头肌屈伸	按照重复次数进行分组	10、8、6和4

中循环2：小循环1和小循环2（第14~17周）

第1天：超级组全身练习	练习内容	组数	每组重复次数
这些超级组训练要求把针对相同肌肉群的每个练习连续做3次。只有完成了胸部序列，才能进行背部序列。然后分别是腿部序列和手臂序列。每个序列完成后应跳绳1分钟。如果没有跳绳，就做原地跳	胸部序列： 哑铃卧推 俯卧撑 肱三头肌屈伸	每个动作3次； 然后重复	10 （每个动作重复10次）
	背部序列： 高位滑轮下拉 坐姿低位划船 直立哑铃划船	每个动作3次； 然后重复	10 （每个动作重复10次）
	腿部序列： 前弓步 侧弓步 哑铃深蹲	每个动作3次； 然后重复	10 （每个动作重复10次）
	手臂序列： 曲杆肱二头肌弯举 锤式弯举 侧平举	每个动作3次； 然后重复	10 （每个动作重复10次）
第2天：心肺、核心和柔韧性	在跑步机上变速跑：以轻快的速度跑、慢跑或步行1英里；以稍微感到不舒适的、比较有挑战性的速度跑第2个1英里；第3个1英里仍以自感舒适的速度跑。然后进行本表末尾处的核心练习，并使用拉伸训练1（见第203页）进行柔韧性训练		
第3天：壶铃自重练习	练习内容	组数	每组重复次数
每两组训练之间蹲跳1分钟——每项练习做3组，每完成一组练习，就做一次1分钟的蹲跳	壶铃深蹲	3	15
	壶铃深蹲侧抬腿	3	15
	引体向上	3	5
	肱三头肌反向屈伸	3	10
	站姿俄罗斯转体	3	10
第4天：心肺、核心和柔韧性	长时跑：以轻快的速度在跑步机上跑55分钟。然后进行本表末尾处的核心练习，并使用拉伸训练2（见第203页）进行柔韧性训练		
第5天：快速练习3	练习内容	组数	每组重复次数
这是一组你已经非常熟悉的练习。分组是为了让身体有疲劳感。在两个练习之间，应根据自己的身体情况来调整所需的体力补充方式和恢复时间	深蹲加屈膝礼弓步	2	每个动作重复10次，共计60次
	肩部序列： 侧平举 前平举 坐姿推肩	2	8，4，2

续表

第5天: 快速练习3(接上页)	练习内容	组数	每组重复次数
	硬拉-俯身哑铃划船	2	10次硬拉，然后10次划船
	站姿猫牛式	2	6~8
	上斜俯卧撑/俯卧撑	2	20(10次上斜俯卧撑，然后10次俯卧撑)
第6天: 心肺、核心和柔韧性	健身跑: 在跑步机上跑步，初始坡度为0.5%；每隔5分钟坡度增加1%~2%；总的跑步时间为30分钟。然后进行本表末尾处的核心练习，并使用拉伸训练2(见第203页)进行柔韧性训练		
第7天: 恢复			

核心练习	练习内容	组数	每组重复次数
在此训练中，需要进行5分钟的跳绳。可以一次性完成；也可以穿插在不同训练之间，一次1分钟；或者在不同的练习组之间进行	侧平板支撑	2	左右各30秒
	普拉提卷腹	2	10
	V字两头起(船式)	2	10
	仰卧蹬车	2	10
	仰卧侧身蹬车	2	10
	普拉提游泳-婴儿式	5	10

中循环2: 小循环3和小循环4(第18~21周)

第1天: 循环练习	练习内容	组数	每组重复次数
做这项训练要采用升序金字塔模式，然后进行心率练习区3的训练，在跑步机上跑5分钟。这个循环练习要进行4次。升序金字塔模式意味着每组练习的重复次数是逐渐增加的，但负重保持不变	早安式	4	8、10、12和14
	下斜杠铃卧推	4	8、10、12和14
	反弓步	4	8、10、12和14
	直立直杆划船	4	8、10、12和14
	俯卧撑-平板支撑	4	8、10、12和14
	坐姿低位划船	4	8、10、12和14
第2天: 恢复			

第3天：TRX悬吊练习1 小循环3的每项练习分为2组，但小循环4的每项练习增加到了3组	练习内容	组数	每组时长
	TRX深蹲	2	30秒
	TRX胸部推举	2	30秒
	TRX卷腹	2	30秒
	TRX后弓步	2	30秒
	TRX划船	2	30秒
	TRX平板支撑	2	30秒
第4天：心肺、核心和柔韧性	强力跑25分钟：以感觉舒适的速度跑5分钟（热身运动）；以有难度的速度跑5分钟；以感觉舒适的速度跑步5分钟（恢复）；以有难度的速度跑5分钟；以感觉舒适的速度跑步5分钟（恢复）。然后进行本表末尾处的核心练习，并使用拉伸训练1（见第203页）进行柔韧性训练		
第5天：TRX悬吊练习2 小循环3的每项练习分为2组，但小循环4的每项练习增加到了3组	练习内容	组数	每组时长
	TRX单腿深蹲	2	30秒
	TRX侧平板支撑	2	每侧30秒
	TRX卷腹	2	30秒
	TRX平衡弓步	2	30秒
	TRX腿弯举	2	30秒
	TRX原子俯卧撑	2	30秒
第6天：心肺、核心和柔韧性	在跑步机上或户外以舒适的速度跑50分钟。然后进行本表末尾处的核心练习，并使用拉伸训练2（见第203页）进行柔韧性训练		
核心练习	练习内容	组数	每组重复次数
	四足脊柱伸展	2	左右各4次
	仰卧平板支撑	2	每组保持30秒
	腹部进阶系列	2	每个动作重复10次
	猫牛式	2	每个动作保持10秒
	俯卧撑－平板支撑	2	5
第7天：恢复			

中循环2：小循环5和小循环6（第22~25周）

第1天：下半身	练习内容	组数	每组重复次数
该训练采用了降序金字塔模式。当然，你也可以选择使用升序金字塔模式（即负荷保持不变，但重复次数逐渐增加），只需将右侧的重复次数调整为6、8、10和12即可。每项练习之后花30~60秒的时间进行恢复	哑铃前蹲	4	12、10、8和6
	硬拉	4	12、10、8和6
	侧弓步	4	12、10、8和6
	坐姿蹬腿	4	12、10、8和6
	坐姿提踵	4	12、10、8和6

第2天：心肺、核心和柔韧性	使用椭圆机进行心肺锻炼，按照练习时间恢复时间2：1的比率进行练习：热身5分钟后，进行40秒有难度的练习（尽可能地加快速度）；然后恢复20秒（调整呼吸）。持续上述练习20分钟。然后进行本表末尾处的核心练习，并使用拉伸训练2（见第203页）进行柔韧性训练

第3天：上半身	练习内容	组数	每组重复次数
每项训练中，一个肌肉群完成全部两组练习之后才能进行下一个肌肉群的练习。每组的两个练习之间不要间隔太长时间	菱形肌、背阔肌和三角肌后束训练序列： 坐姿低位划船 俯身哑铃划船	2	每个动作重复8次
	背阔肌、三角肌后束和斜方肌训练序列： 高位滑轮下拉 仰卧直臂上拉	2	每个动作重复8次
	胸部和三角肌前束训练序列： 哑铃卧推 上斜俯卧撑	2	每个动作重复8次
	三角肌中束和斜方肌训练序列： 坐姿推肩 负重耸肩	2	每个动作重复8次
	手臂训练序列： 斜板弯举 肱三头肌屈伸	2	每个动作重复8次

第4天：心肺、核心和柔韧性	在跑步机上或户外以舒适的速度跑步50分钟。然后进行本表末尾处的核心练习，并使用拉伸训练1（见第203页）进行柔韧性训练

第5天：快速练习4（自重间歇练习）	练习内容	组数	每组持续时间
两个动作之间的间歇时间不要超过10秒。做完一组练习之后，恢复1分钟，然后做下一组练习	引体向上	4	1分钟
	屈伸	4	1分钟
	俯卧撑－平板支撑	4	1分钟
	侧平板支撑	4	左右两侧各30秒
	单腿深蹲	4	两侧腿各30秒

续表

第6天: 恢复			
第7天: TRX悬吊练习3 小循环5各项练习分为2组进行，小循环6各项练习分3组进行	练习内容	组数	每组持续时间
	TRX胸部推举	2	45秒
	TRX划船	2	45秒
	TRX Y字飞鸟	2	45秒
	TRX悬挂式	2	45秒
	TRX平板支撑	2	45秒
	TRX侧卷腹	2	45秒
核心练习	练习内容	组数	每组持续时间
	仰卧时钟式	3	5秒
	雨刷式	3	5秒
	仰卧平板支撑	3	30秒
	俯卧撑－平板支撑	3	5秒
	普拉提游泳	3	5秒

耐力力量训练例程

许多跑步者和一些做耐力训练的女性都会忽视力量训练。这是一个很大的误区，因为力量训练不仅能降低下半身受伤的风险（比如跑步者常发生的膝部和髂胫束综合征），提高关节稳定性（使踝关节、膝关节和髋关节处的肌腱和韧带强壮而又灵活），还能减少重复性的压力伤害（胫骨骨膜炎和腰痛），这些伤害往往由于远程耐力训练造成的。力量训练可以让你跑得更快、更远、更高效，并使你的恢复速度更快。这是由于肌肉组织含量的增加能帮助身体产生更多能量。肌肉组织含量越高，身体生成和维持线粒体的能力就越强，而线粒体是那些能利用氧气产生能量的肌肉细胞的组成部分。更多的能量和更小的受伤风险使你的运动表现更好、更有力、更快。

对于做耐力训练的女性来说，力量训练的另一个重要好处是可以增强核心力量。从身体中心汲取力量的能力对于长期效率和耐力至关重要。强大的核心肌可以帮助你以稳定、可控的方式进行运动（即矢状面运动）。另外，增强核心力量可以提高跑步效率、速度和爆发力。

本节的耐力训练计划是TRX悬吊训练。我们在前面的第5章、第6章和第7章中分别介绍了上半身、下半身和核心肌的TRX练习。

TRX悬吊训练指南

使用TRX悬吊系统进行训练时，要始终保持身体强壮稳定。虽然有一些练习集中在上半身或下半身，但所有练习都需要有一个稳定的核心。你可以通过在收腹的同时保持僵硬姿势来锻炼核心肌肉。将TRX悬吊系统附着在一个坚固的锚点上（如果可以的话，请参照产品附带的DVD基础使用和指南进行操作）。当TRX悬吊系统从选好的稳定锚点垂直向下悬挂时，均衡器环应在离地面约6英尺的地方。

你可以通过改变练习时站立的角度来增加练习的强度。例如，当进行划船练习时，要想增加难度，可以向前走一段距离，使身体位于锚点下方（相反，向后远离锚点可以降低难度）。皮带的长度应根据所进行的训练来加以调整（可以调成短、中长、长以及达到小腿中部的长度）。

当做好执行每一项练习的准备时，朝向TRX时被称为面向锚点（例如深蹲时），或者背对锚点（例如胸部按压时）。类似的术语也可以用在以地面为参照的训练中。每次练习时，要拉紧皮带，让皮带在整个训练过程中保持绷紧，尽量不要使其下垂。

TRX悬吊训练

下列练习中提到的上半身、下半身和核心练习已分别在第5章、第6章和第7章进行了介绍。你可以借助负重和其他器材进行训练，或者只是做一次快速、独特、强力的TRX练习。由于TRX运动可以增强耐力，所以时长显得尤为重要。尝试每周做两至三次TRX练习（穿插在跑步计划中进行）。训练总共需要30~45分钟。大部分训练都是有时长要求的，当然，如果你喜欢的话，也可以选择使用增加重复次数的方法进行训练。如果想要将跑步计划和力量训练结合进行，一定要保证身体得到了充分恢复。

我建议"挑挑拣拣"地进行TRX练习。每项练习都可以训练上半身、下半身和核心，所以无论你选择哪一种，都会让整个身体得到锻炼。当然，为了平衡性和多样性，必须交替进行各种锻炼。

TRX耐力训练1

TRX耐力训练1针对的是下半身、上半身和核心肌。按照推荐的时长进行分组练习，完成一项练习后进行下一项练习。

练习内容	组数	每组持续时间
第1组		
TRX深蹲	2	30秒
TRX胸部推举	2	30秒
TRX卷腹	2	30秒
第2组		
TRX后弓步	2	1分钟（双腿交替进行）
TRX划船	2	30秒
TRX平板支撑	2	30秒

TRX耐力训练2

TRX耐力训练2针对的是下半身和核心肌。按照推荐的时长进行分组练习，完成一项练习后进行下一项练习。

练习内容	组数	每组持续时间
第1组		
TRX单腿深蹲	2	30秒
TRX侧平板支撑	2	30秒
TRX卷腹	2	30秒
第2组		
TRX平衡弓步	2	每侧腿30秒
TRX腿弯举	2	30秒
TRX原子俯卧撑	2	30秒

TRX耐力训练3

　　TRX耐力训练3针对的是上半身和核心肌群。按照推荐的时长进行组数练习，完成一项练习后进行下一项练习。

练习内容	组数	每组持续时间
第1组		
TRX胸部推举	3	30秒
TRX划船	3	30秒
TRX Y字飞鸟	3	30秒
第2组		
TRX悬挂式	3	30秒
TRX平板支撑	3	30秒
TRX侧卷腹	3	30秒

TRX耐力训练4

　　TRX耐力训练4针对的是核心肌。按照推荐的时长进行分组练习，完成一项练习后进行下一项练习。

练习内容	组数	每组持续时间
第1组		
TRX臀桥	2	45秒
TRX腿弯举	2	45秒
TRX卷腹	2	45秒
第2组		
TRX悬挂式	2	45秒
TRX侧卷腹	2	45秒
TRX平板支撑	2	45秒

TRX耐力训练5

TRX耐力训练5针对的是下半身和核心肌。按照推荐的时长进行分组练习，完成一项练习后进行下一项练习。

练习内容	组数	每组持续时间
第1组		
TRX深蹲	2	45秒
TRX后弓步	2	45秒
TRX平衡弓步	2	45秒
第2组		
TRX原子俯卧撑	3	45秒
TRX侧卷腹	3	45秒
TRX平板支撑	3	45秒

TRX耐力训练6

耐力训练6针对的是下半身和核心肌。按照推荐的时长进行分组练习，完成一项练习后进行下一项练习。

练习内容	组数	每组持续时间
第1组		
TRX胸部推举	3	45秒
TRX划船	3	45秒
TRX Y字飞鸟	3	45秒
第2组		
TRX原子俯卧撑	3	45秒
TRX侧卷腹	3	45秒
TRX悬挂式	3	45秒

身体柔韧性训练

身体柔韧性体现在伸展运动和其他关节运动中，对健身和体育运动来说很重要，因为它可以通过肌肉群或关节来促发更多的运动，帮助你保持强壮，甚至减少受伤的概率。当你试图做一个当前身体无法做到的动作时，肌肉就会收缩，而这会进一步阻止你完成这个动作。有些人试图将关节（肩关节、膝关节、肘关节、手关节和髋关节等）放到那些支撑软组织（肌肉、肌腱和韧带）无法忍受的位置，导致身体受伤。

许多健身爱好者误认为身体有足够的柔韧性就能够大大降低受伤的风险，或者在剧烈运动后进行拉伸会减轻疼痛感。事实上，拉伸不会减轻酸痛感，不会增加肌肉的弹性，也不会增加关节活动范围来保护你免受伤害。如果你尝试做一些由于肌肉或关节的强度不够或不够灵活而无法承受的运动，你就可能会受伤。但是，这并不代表柔韧性训练并不重要。具有足够柔韧性的肌肉能够让身体的其他部位（尤其是关节）在不疼痛、紧绷或过早疲劳的情况下运动。因此，足够的身体柔韧性能够很好地辅助你的力量和耐力训练。

我们通常所说的柔韧性一般是指肌肉本身，而关节（如肩关节或髋关节）的柔韧性则涉及关节的活动范围。持续的常规性拉伸练习可以提高身体柔韧性和关节活动范围，还能帮助维持身体已有的柔韧性。因为柔韧性好有助于力量练习，所以你应该定期进行拉伸练习。

下面介绍的拉伸练习已在前面的小循环中提到过。这些常规训练需要10～15分钟才能完成。拉伸的最佳时间就是在进行力量训练或有氧训练之后。寒冷的肌肉和关节不能像温暖的肌肉和关节那样伸展。事实上，如果没有热身，不建议你拉伸肌肉。一些研究表明，在运动前进行拉伸实际上会降低运动的效果。如果你已经做了适当的热身运动，身体会开始出汗——这个简单的信号可以帮助你了解你的身体是否准备好进行拉伸了。如果你已经完成相应的训练（包括每个小循环的有氧练习），那么你就可以开始在每项训练结束时做拉伸运动了。

拉伸练习1

练习内容	组数	每组持续时间
侧向拉伸	3	伸展身体，每一侧保持8~10秒
脊柱伸展	2~4	保持拉伸5~7秒
站姿膝关节屈伸加踝关节背屈	2~4	向外伸展并屈曲膝关节，每次保持2~4秒
4字站立	2~4	每侧保持5~8秒
前屈	2~4	手向下触碰脚或脚趾，每次保持5~8秒
前屈扭转	2~4	手向下触碰脚或脚趾，每次保持5~8秒
站姿猫牛式	3~5	身体弯曲，拉伸脊柱和髋关节，每次拉伸保持4~6秒
站姿肩关节水平内收	2~4	每侧保持4~6秒
全身拉伸	2~4	伸展，每次拉伸保持5~8秒
臀桥	2~4	抬起，保持，然后缓慢下落，用时5~8秒
泡沫轴脊柱对齐（可选）	2~4	以可控的速度在一定的关节活动度内移动
泡沫轴肩部拉伸（可选）	2~4	以可控的速度在一定的关节活动度内移动

拉伸练习2

练习内容	组数	每组持续时间
全身拉伸	2~4	伸展身体，每次保持拉伸5~8秒
臀桥	2~4	抬起，保持，然后缓慢下落，用时5~8秒
下背部拉伸	2~4	每侧腿保持6~10秒
腘绳肌拉伸	2~4	每侧腿保持6~10秒
脊柱扭转	2~4	每侧腿保持6~10秒
猫牛式	3~5	身体弯曲，拉伸脊柱和髋关节，每次拉伸保持4~6秒
婴儿式	1~2	保持10~30秒
下犬式	2~4	保持4~6秒
前屈	2~4	手向下触碰脚或脚趾，每次保持5~8秒
前屈扭转	2~4	手向下触碰脚或脚趾，每次保持5~8秒
泡沫轴脊柱对齐（可选）	2~4	以可控的速度在一定的关节活动度内移动
泡沫轴肩部拉伸（可选）	2~4	以可控的速度在一定的关节活动度内移动

本章概述了高级耐力力量训练计划，你可以通过这些训练计划来增强肌肉力量，进一步发展你的肌肉尺寸。一定要在执行了初到中级力量训练、肌肉变得强壮后，才能实施这些高级训练计划。在本书中，我提供了一些训练方法，列出了你可以期待的进步，并解释了如何提高肌肉的健康水平、心肺耐力和身体柔韧性。我还鼓励大家通过周期性训练的方法来提高自身的运动表现，同时关注恢复时间，以减少受伤的概率。

在持续训练一段时间之后，只要训练强度（抗阻）保持不变，仅需进行少量的、低频率的训练，你就能将之前训练中获得的力量保持6周以上的时间。每周进行一次力量训练，可以帮助你将力量维持6周或更长的时间。每周进行两次力量训练，维持的时间将会更长，具体时间取决于自身之前已经达到的强度。如果由于周围环境变化导致无法定期训练，在一年内，你最多能保留之前所获得的一半的力量。

现在，你已经掌握了足量的知识，可以用来设计、执行一套肌肉训练计划，改善自己的外形、健康和日常表现。你还降低了与年龄相关的肌肉力量下降的风险，肌肉量下降可能会导致诸如骨质疏松症、活动能力丧失以及其他与年龄相关的肌肉疾病。因此，你要对自己的训练计划充满信心，并期待取得卓越、长期的训练成果！

参考文献

第1章

Donnelly, J.E., S.N. Blair, J.M Jakicic, M.M. Manore, J.W. Rankin, and B.K. Smith. 2009. Appropriate Physical Activity Intervention Strategies for Weight Loss and Prevention of Weight Regain for Adults. *Medicine & Science in Sports & Exercise* 41: 2, 459–471.

Fagard, R.H. 2001. Exercise Characteristics and the Blood Pressure Response to Dynamic Physical Training. *Medicine & Science in Sports & Exercise* 33: S484–S492.

Kohrt, W.M., S.A. Bloomfield, K.D. Little, M.E. Nelson, V.R. Yingling, and American College of Sports Medicine. 2004. American College of Sports Medicine Position Stand: Physical Activity and Bone Health. *Medicine & Science in Sports & Exercise* 36 (11): 1985–1996.

Marks, Derek, and Len Kravitz. 2000. Growth Hormone Response to an Acute Bout of Resistance Exercise in Weight–Trained and Non–Weight–Trained Women. *Journal of Strength and Conditioning Research* 14 (2): 220–227.

Marx, J.O., N.A. Ratamess, B.C. Nindl, L.A. Gotshalk, J.S. Volek, K. Dohi, J.A. Bush, A.L. Gomez, S.A. Mazzetti, S.J. Fleck, K. Hakkinen, R.U. Newton, and W.J. Kraemer. 2001. Low–Volume Circuit Versus High–Volume Periodized Resistance Training in Women. *Medicine & Science in Sports & Exercise* 33 (4): 635–643.

Ormsbee, M.J., J.P. Thyfault, E.A. Johnson, R.M. Kraus, M.D. Choi, and R.C. Hickner. 2007. Fat Metabolism and Acute Resistance Exercise in Trained Men. *Journal of Applied Physiology* 102: 1767–1772.

Pollock, Michael L., Barry A. Franklin, Gary J. Balady, Bernard L. Chaitman, Jerome L. Fleg, Barbara Fletcher, Marian Limacher, Ileana L. Piña, Richard A. Stein, Mark Williams, and Terry Bazzarre. 2000. Resistance Exercise in Individuals With and Without Cardiovascular Disease: Benefits, Rationale, Safety, and Prescription, An Advisory From the Committee on Exercise, Rehabilitation, and Prevention, Council on Clinical Cardiology, American Heart Association. AHA Science Advisory. *Circulation* 101: 828. doi: 10.1161/01.CIR.101.7.828.© 2000 American Heart Association, Inc.

第2章

American College of Sports Medicine. October 2007. The female athlete triad. *Medicine & Science in Sports & Exercise* 39 (10): 1867–1882.

Hillman, C.H., K.I. Erickson, and A.F. Kramer. 2008. Be Smart, Exercise Your Heart: Exercise Effects on Brain and Cognition. *Nature Reviews Neuroscience* 9 (1): 58–65.

第4章

Astrand, P. and K. Rodahl. 2003. *Textbook of Work Physiology*, 4th ed. New York: McGraw–Hill.

Green, D.J. 2010. American Council on Exercise. *ACE Personal Trainer Manual*, 4th ed. San Diego, CA. p.372–374.

第8章

American Council on Exercise. 2011. *ACE Personal Trainer Manual*, 4th ed. San Diego, CA: American Council on Exercise. p. 361

Medicine & Science in Sports and Exercise. 2009. Special Communication Position Stand: Progression Models in Resistance Training for Healthy Adults.p. 689–690.

第9章

American College of Sports Medicine. 1998. ACSM Position Stand: The recommended quality and quantity of exercise for developing and maintaining cardiorespiratory and muscular fitness, and flexibility in healthy adults. *Medicine & Science in Sports and Exercise*. 30: 975–99

American College of Sports Medicine. 2009. ACSM Position Stand: Progression Models in Resistance Training for Healthy Adults. *Medicine. & Science in Sports and Exercise* 41(3). p. 687–708.

第10章

Green, D. 2010. ACE Personal Trainer Manual. 4th Edition. *American Council on Exercise*. San Diego, CA.

第11章

Hoff, J., Gran, A., and Helgerud, J. 2002. "Maximal Strength Training Improves Aerobic Endurance Performance." *Scandinavian Journal of Medicine & Science in Sports* 12: 288–295.

作者简介

艾琳·刘易斯-麦考密克（Irene Lewis-McCormick）是一位私人教练、国际节目主持人、作家和拥有25年运动经验的健身达人。她毕业于艾奥瓦州立大学，获得了运动科学专业生理学方向的理科硕士学位。她是美国国家体能协会认证的体能训练师（NSCA-CSCS），持有美国运动协会（ACE）、美国体适能协会（AFAA）、水上运动协会（AEA）的专业资格证书，并获得瑜伽、普拉提领域的专业认证。

她经常为*IDEA Health & Fitness Journal*、*Fitness Management*、*Shape*、*Oxygen*、*MORE*、*Diabetic Living*和*Heart Healthy Living*等刊物撰稿。她还是*Diabetic Living*杂志编辑顾问委员会的成员，也是美国运动协会的主题专家和考题编写者。

艾琳曾为IDEA、SCW、Fitness Anywhere、DCAC、Fitness Fest、the Mayo Clinic、YMCA和其他许多公司代言。她是TRX悬吊训练课程教练，并指导JumpSport®Trampoline Fitness的训练。她曾是一些视频课程的特邀嘉宾，主讲产前和产后训练、水中健身、力量训练、登阶、普拉提和泡沫轴练习。

译者简介

    刘珊珊，中国体育报业总社《健与美》杂志专业健身编辑，从业十年，策划过健身、减肥、产后塑身等方面的众多大型选题，参与过多项全民健身推广公益活动的策划及执行工作。她毕业于北京体育大学，获得了运动人体科学硕士学位。她是认证孕期和产后体能训练师、认证运动营养师，同时，她也是健身达人、资深跑者，曾任高端人群健身私教、产后康复咨询师、健康减肥顾问。